O TEMPO E O SONHO
TEXTOS EXISTENCIAIS

Editora Appris Ltda.
1.ª Edição - Copyright© 2020 dos autores
Direitos de Edição Reservados à Editora Appris Ltda.

Nenhuma parte desta obra poderá ser utilizada indevidamente, sem estar de acordo com a Lei nº 9.610/98. Se incorreções forem encontradas, serão de exclusiva responsabilidade de seus organizadores. Foi realizado o Depósito Legal na Fundação Biblioteca Nacional, de acordo com as Leis nos 10.994, de 14/12/2004, e 12.192, de 14/01/2010.

Catalogação na Fonte
Elaborado por: Josefina A. S. Guedes
Bibliotecária CRB 9/870

R484t
2020
	Ribeiro, Lucia
	   O tempo e o sonho: textos existenciais /
	Lucia Ribeiro. - 1. ed. – Curitiba: Appris, 2020.
	   139 p. ; 21 cm – (Artêra)
	
	   Inclui bibliografias
	   ISBN 978-85-473-4342-2
	
	   1. Ficção brasileira. I. Título. II. Série.
	
	                                                            CDD – 869.3

Appris
editora

Editora e Livraria Appris Ltda.
Av. Manoel Ribas, 2265 – Mercês
Curitiba/PR – CEP: 80810-002
Tel. (41) 3156 - 4731
www.editoraappris.com.br

Printed in Brazil
Impresso no Brasil

Lucia Ribeiro

O TEMPO E O SONHO
TEXTOS EXISTENCIAIS

FICHA TÉCNICA

EDITORIAL
Augusto V. de A. Coelho
Marli Caetano
Sara C. de Andrade Coelho

COMITÊ EDITORIAL
Andréa Barbosa Gouveia (UFPR)
Jacques de Lima Ferreira (UP)
Marilda Aparecida Behrens (PUCPR)
Ana El Achkar (UNIVERSO/RJ)
Conrado Moreira Mendes (PUC-MG)
Eliete Correia dos Santos (UEPB)
Fabiano Santos (UERJ/IESP)
Francinete Fernandes de Sousa (UEPB)
Francisco Carlos Duarte (PUCPR)
Francisco de Assis (Fiam-Faam, SP, Brasil)
Juliana Reichert Assunção Tonelli (UEL)
Maria Aparecida Barbosa (USP)
Maria Helena Zamora (PUC-Rio)
Maria Margarida de Andrade (Umack)
Roque Ismael da Costa Güllich (UFFS)
Toni Reis (UFPR)
Valdomiro de Oliveira (UFPR)
Valério Brusamolin (IFPR)

ASSESSORIA EDITORIAL
Alana Cabral

REVISÃO
Isabela do Vale

PRODUÇÃO EDITORIAL
Lucas Andrade

DIAGRAMAÇÃO
Bruno Ferrreira Nascimento

ILUSTRAÇÕES
Silvia Ribeirol

CAPA
Carlos Eduardo Pereira

COMUNICAÇÃO
Carlos Eduardo Pereira
Débora Nazário
Karla Pipolo Olegário

LIVRARIAS E EVENTOS
Estevão Misael

GERÊNCIA DE FINANÇAS
Selma Maria Fernandes do Valle

Agradecimentos

Agradeço a todos e todas que, de múltiplas formas, fizeram possível o livro, especialmente à Letícia Cotrim e à Regina Pereira, pelas sugestões enriquecedoras, a Iza Labelle, Ney Paiva Chaves e Maria José Santos, pela interlocução permanente, a Ângela Dias e Flávio Ribeiro, pela revisão cuidadosa, ao Antônio Carlos Fester e ao Newton Queiroz pela leitura atenta. A Silvia Ribeiro por iluminar o livro com suas lindas mandalas. E ao Luiz Alberto Gómez de Souza, pela cumplicidade, sempre.

Nota da autora

Embora conscientes do sexismo implícito no uso convencional do plural masculino, ao referir-se ao masculino e ao feminino, adotamos esta forma por razões práticas.

Prefácio

Lucia, minha cara companheira de lutas desde os anos 50, insiste em me pedir uma apresentação para seu NOVO livro. Recebo os originais. Com surpresa vejo que alguma coisa mudou.

Acompanhei ao longo do tempo sua trajetória de socióloga e escritora que, durante toda uma vida, tem percorrido temas como religiosidade, migrações, aborto, feminismo, envelhecimento, sexualidade, reprodução, entre outros. Agora, são textos literários. Aqueles que escrevemos, às vezes, para a gaveta... Trata-se de tudo o que foi sendo produzido e ficou guardado em espera, talvez como algo menor. Por isso, aceito o desafio.

Apesar de ser o mesmo sujeito que escreve sobre a mesma realidade que nos cerca, admiro ainda mais o que ficou esperando guardado.

Cá entre nós, suponho que não haja nenhum ser que escreve a palavra que não possua uma gaveta secreta com seus alvoroços, seus avessos, seus devaneios provocados por uma cor, uma figura esquisita que passa, um dia em que tudo deu errado, ou uma data preciosa... O que eu não daria para visitar as gavetas de Marx, de Hannah Arendt, ou sei lá mais quem... É possível que as gavetas me facilitassem chegar mais perto.

Portanto, é possível que não exista propriamente um abismo entre os dois tipos de produção. Por um lado a ciência e a pesquisa, e, por outro lado, a literatura ciência/pesquisa e literatura.

É o olhar que muda. Quando as exigências metodológicas se fazem presentes, abordar a realidade resulta em um tipo de escrito. Quando o ímpeto de escrever que atinge esse mesmo sujeito não se submete às exigências que são justas, mas de algum modo o prendem, ele se liberta. Fica à vontade, permite certa incursão pelo sentimento, como se fosse um instante de intimidade, um intervalo que vai colecionando à parte. Com a passagem do tempo, as "sobras", esses instantes livres de compromisso, mostram outro tipo de compromisso. A meu ver, tão sério quanto o primeiro. Com sabor diferente, é verdade, mas compromisso com a verdade da mesma maneira.

Lembrei então de aulas antigas e de um tempo em que li coisas de Lucien Goldmann sobre a importância da literatura e naturalmente, inclusive a ficção, para de fato entender a história... Afinal, como diria o próprio Goldmann: "a história depende do comportamento dos homens, de uma série de imponderáveis: estamos mais do que nunca diante de uma aposta" (LÖWY; NAIR, 2009).

Li atentamente o conjunto dos Textos Existenciais e aposto neles. Não importa se foram escritos à margem do trabalho. O que me dizem é sempre sobre o duradouro, o construído aos poucos, sem exageros, docemente, silenciosamente, simplesmente. A felicidade aqui é paciente. Não é a obrigação de ser feliz que vemos por aí nesse mundo contemporâneo onde não cabe nenhuma dor. É o terreno do contraditório que me encanta, presente o tempo todo na edificação das relações, com os outros. Com um único outro companheiro. Com aquele Outro que é o sagrado. Com as coisas vividas junto a um sem número de passantes, os outros casuais ou os que fazem parte das diferenciadas famílias de nossos pertencimentos.

Vejo nos Textos Existenciais, uma elaboração sobre a felicidade possível de uma mulher que nasceu quase como uma princesa, e conseguiu em pleno século XX na virada para o XXI – séculos de dor, medo, surpreendentes mudanças tecnológicas e de costumes – ser feliz "para sempre" lutando como profissional, como escritora, como mulher, como mãe, como companheira, como militante, para edificar as cumplicidades pessoais e sociais, o que não se dá impunemente. Na literatura, essa arte de dizer as coisas que nos tocam, não há como escapar da precisão nem de todos os compromissos do eu quando contamos nossas histórias. Esse é o mistério que de alguma maneira contextualiza a história dos homens.

Letícia Cotrim

Referência

LÖWY, Michael; NAIR, Sami; *Lucien Goldmann ou a Dialética da Totalidade*. São Paulo: Boitempo, 2009. 192p.

Siglas e abreviaturas

CEBs	Comunidades Eclesiais de Base
CESEEP	Centro Ecumênico de Serviço à Evangelização e Educação Popular
FIOCRUZ	Fundação Oswaldo Cruz
IBGE	Instituto Brasileiro de Geografia e Estatística
JEC	Juventude Estudantil Católica
JUC	Juventude Universitaria Católica
MIIC	Movimento Internacional de Intelectuais Católicos
ONG	Organização Não Governamental

Sumário

INTRODUÇÃO 17

A FESTA DOS MICOS-LEÕES 19

A COR-AGEM DE LEONARDO 22

OSCAR 25

SALGUEIRO 27

DISCOVERING THE MAPLE TREES. 30

A DIALÉTICA DA CUMPLICIDADE 32

CAROLINA DE ASSIS. 36

D. CARMENCITA. 39

OPÇÕES QUE SE RENOVAM. 41

"ABUELAZGO" 43

NOSSO CORPO (NÃO) NOS PERTENCE 46

"BONJOUR, LIMITES!". 49

BODAS DE OURO: CONSTRUÇÃO E DOM 54

VELHICE, UMA REALIDADE INCÔMODA?. 57

TEMPO DO CUIDADO 61

REFLEXÕES AO LONGO DE UMA VIAGEM AO SUL. 65

PERCALÇOS DE UMA PESQUISA TRANSNACIONAL 67

TURQUIA: UMA EXPERIÊNCIA FASCINANTE 70

AUTONOMIA: UM DESAFIO. 73

DANÇANDO A LIBERDADE 76

A VIVÊNCIA DO ENVELHECER 79

VOVÓ DINDINHA 83

O OUTRO LADO DO RIO 86

FRAGMENTOS DE VIAGEM 89

EM BUSCA DA BELEZA, AINDA QUE FUGAZ... 91

"TO BE OR NOT TO BE?" 93

A ELEIÇÃO DO PAPA: UM OLHAR FEMININO 96

"O AMOR COMPANHEIRO" 99

O MENINO, A DAMA E O PROFESSOR 103

PALAVRAS QUE IMPACTAM 105

O TESTEMUNHO DE ROSE MARIE 108

TRÊS PESSOAS ILUMINADAS: 111

CELEBRANDO AS DIFERENÇAS 113

ASSUMINDO CONTRADIÇÕES: O RÉVEILLON DE 2015 115

O SENTIDO DA VIDA NOS "TEMPOS DE CÓLERA" 117

TRILHANDO A (PEN)ÚLTIMA ETAPA 119

MARCELO, UMA BRISA LEVE 121

VIDA RELIGIOSA EM UM MUNDO GLOBALIZADO 123

O VOO DUPLO 127

A ORLA PERIGOSA 130

PASSEIO A CAVALO 132

DILMA 134

A GAROTA E A MÁQUINA 136

"MAIS VELHOS, MAIS SÁBIOS" 138

Introdução

O tempo vai baralhando imagens diversas, ao configurar nossa trajetória: processo em permanente transformação. Condicionada por esse processo, nossa maneira de expressá-la também vai, pouco a pouco, sofrendo uma metamorfose.

Assim, meu estilo espontâneo de escrever, na adolescência, foi assumindo, nos tempos da universidade, um tom mais preciso e rigoroso. Com o início da vida profissional, no IBGE, foi forçado a tornar-se técnico, enquadrado pelos resultados estatísticos. Já na FIOCRUZ e depois como pesquisadora independente, aderiu à linguagem sociológica, tentando manter a objetividade – na medida do possível! – ao elaborar análises da realidade.

No momento posterior, em tempos de ONGs e movimento feminista, a forma adotada seria mais militante, sem pudor de afirmar posicionamentos e proclamar convicções.

Mas ultimamente vêm surgindo, como flor de inesperada primavera, textos mais leves, que João Batista Libânio, amigo/irmão, classificou como "textos existenciais": partem de experiências concretas, assumindo um tom mais subjetivo e, ao mesmo tempo, mais elaborado, esteticamente. Talvez expressem melhor a etapa atual, carregada, por um lado, da sabedoria de vida e da experiência que se vai acumulando e, ao mesmo tempo, mais solta e mais livre, "*au fil du désir*". Em certos momentos, como um dom, as palavras vão brotando espontaneamente, expressando intuições ou experiências. Não me forço; mas às vezes há como uma urgência de transformá-las em texto escrito. Isto feito, segue-se outra etapa, para polir e lapidar o que saiu de um jato, sem autocríticas.

Vários destes textos foram refeitos – mexidos e re-mexidos – posteriormente. Locais e datas originais foram mantidos, apenas como uma referência.

Avaliando a metamorfose ocorrida, assumo hoje a perspectiva de uma mulher já madura que, no outono da vida, traz o testemunho de toda uma geração do século passado, abrindo-se para os novos desafios do milênio.

A autora

A festa dos micos-leões

É dia de cantar com o vento e dançar à luz das estrelas, dando-se as mãos na roda do carinho: é hora de festejar nossas caminhadas comuns.

Dizem que os casais que conseguem, atualmente, ultrapassar 30 anos juntos são – como os micos-leões – uma espécie em extinção. Talvez isto seja verdade, no momento atual: o modelo anterior, que considerava a família monogâmica e heterossexual como o espaço exclusivo da sexualidade, foi seriamente questionado, a partir da "revolução sexual" dos 70's; e o clima de permissividade que se vive hoje não favorece uniões duradouras... As pessoas se casam, separam-se, casam-se de novo. Como será no futuro? Mais que tentar prever o imprevisível, há que celebrar hoje, concretamente, os 30, 40 ou 50 anos de vida a dois.

Desafios, dificuldades, conquistas. O cotidiano dividido, na certeza da cumplicidade. E a alegria de chegar, hoje, mais unidos os dois e mais inteiros, uma e outro, na sua originalidade única.

A vida partilhada é fonte, é força, é luz que se irradia. E, nos primeiros tempos, seu reflexo é tão espontâneo que quase parece algo dado, "natural", realização automática de uma felicidade mítica prometida a cinderelas e príncipes encantados.

Essa impressão, entretanto, pode ser passageira e obscurecer o valor mais profundo da experiência da vida a dois: a construção cotidiana e exigente do Amor. Esse é um processo que mistura dor e alegria, supõe lutas e conquistas, na permanente tensão do criar e recriar um espaço de diálogo que não é dado para sempre. Os desafios se renovam constantemente, diante de circunstâncias mutáveis que vão desenhando, a cada momento, o caleidoscópio da vida. E há que estar vigilantes e cultivar a lucidez, para saber responder a cada uma de suas exigências.

Mas o mais complicado é que o esforço se faz a dois, no difícil equilíbrio entre duas vontades, dois desejos, duas individualidades que buscam se harmonizar sem se destruírem.

Os momentos de tensão e de dificuldade são inevitáveis. Como escapar das armadilhas que se montam no cotidiano? para evitar o conflito, até que ponto as concessões feitas não estimulam a dominação? A imposição da vontade de um não se sustenta justamente no desconhecimento da realidade do outro? E a aceitação rápida e sem discussão de situações incômodas não termina por ter um efeito anestesiante, ao propor uma pseudossolução fácil e enganadora?

Diante dessas e de outras dificuldades, muitos e muitas desanimam pelo caminho ou se deixam vencer pelo cansaço; muitos e muitas se instalam na segurança das fórmulas feitas, que esconde insatisfações e amarguras profundas. Para outros e outras, a ruptura da aliança aparece como a melhor alternativa, na expectativa, talvez, de novas tentativas mais frutíferas.

Os que conseguem ultrapassar estas dificuldades – sabendo que outras virão pela frente! – e chegar "inteiros" ao patamar de 40 ou 50 anos juntos não são muitos. Porque não se trata apenas de uma questão cronológica, mas de conseguir sustentar, ao longo de todo este tempo, a dialética cotidiana, na difícil tensão entre a afirmação intransigente do próprio espaço e a abertura para a comunhão com o outro, no ritmo da dança da vida.

E por isso, há que se alegrar e celebrar e aprender com a beleza profunda dessa experiência a dois. Sabendo que a caminhada ainda não terminou. E que novas dificuldades surgirão. E novas alegrias também.

As perspectivas se ampliam ao perceber que a caminhada não é apenas a dois. Mas já incluiu mais três ou quatro, e depois mais outros três ou quatro, e muitos mais, ao longo do tempo. A aventura do amor se multiplicou e vai se reproduzindo nas gerações seguintes. E tudo isso encherá de vida e de alegria os anos que virão pela frente.

Amém. Axé. Aleluia.

Rio de Janeiro, 1999

A cor-agem de Leonardo

Leonardo é uma pessoa luminosa: carisma puro, riqueza multifacetada. Impossível aqui abordar todos os seus aspectos. Mas talvez o que mais me impressione nele seja sua cor-agem – esta capacidade de agir deixando fluir o coração, sem que isto diminua em nada sua excepcional e lúcida inteligência.

Quando o conheci, em 1979, havia regressado, poucos anos atrás, da Alemanha – onde fez seu doutorado em Teologia – e já gozava de um enorme prestígio no Brasil. Isto não afetava em nada sua simplicidade; o sorriso aberto, irradiando simpatia, rompia distâncias: a amizade foi imediata.

Nosso primeiro encontro, em uma reunião de intelectuais cristãos, ficou marcado, para mim, por um episódio significativo: discutia-se brilhantemente o papel do intelectual em diversos campos, do estritamente profissional ao sócio-político, passando pelo eclesial, mas não se fazia menção de sua dimensão pessoal, familiar, afetiva, considerada uma "questão menor" – ou uma "contradição secundária", para utilizar a linguagem da época – pertinente apenas ao âmbito do privado. Ao propor, não sem um certo receio, diante de intelectuais renomados, a criação de mais um grupo de discussão para integrar essa temática, eu não poderia imaginar que teria como interlocutor o jovem, atraente e já famoso teólogo.

O que poderia parecer, no momento, mera curiosidade, revelou ser, na realidade, uma atitude profunda de abertura ao feminino, que encontra raízes já em sua infância. A mãe – que não aprendeu a ler até o fim da vida, apesar das insistentes tentativas dos filhos – era uma mulher de personalidade marcante, com uma enorme vitalidade e uma surpreendente liberdade de espírito. Por sua vez, a convivência com os/as irmã(o)s – cinco meninos e cinco meninas – significou viver, na concretude do cotidiano, a relação masculino/feminino.

Já adulto, a cor-agem – rara entre sacerdotes de sua geração – de se abrir às amizades femininas o ajudou a enriquecer esta experiência. A parceria com Rose Marie Muraro, durante os anos de trabalho na Editora Vozes é um exemplo significativo (não por acaso, os dois trabalharam juntos na elaboração de um livro, que abordou justamente a questão masculino/feminino). Mais tarde, tendo deixado a ordem franciscana, Leonardo descobre a plenitude do encontro homem/mulher em seu amor por Márcia, companheira com a qual vem desenhando a vida a dois. É essa experiência existencial que fecunda seu pensamento.

Ao identificar dois modos de ser-no-mundo, o trabalho e o cuidado e ao descobrir neste último a expressão do feminino – que está presente no homem e na mulher – Leonardo resgata na teoria um valor que já há muito vivia na prática. É justamente por ser ele mesmo um "ser de cuidado" que consegue iluminar esta dimensão, relegada a segundo plano por uma cultura patriarcal. Denunciando o aspecto patológico da ruptura entre as expressões do masculino e do feminino, Leonardo aponta para a urgência de sua integração, em uma perspectiva holística que vê no ser humano um ser de relações ilimitadas, conectado ao cosmos e aberto à Transcendência.

Nessa perspectiva seu pensamento está intimamente ligado a toda uma reflexão ecológica, abrindo-se a novas temáticas e a novas linguagens. Isso o leva a repensar a própria teologia, abrindo pistas inexploradas, mesmo assumindo riscos e possibilidades de equívocos.

Nesse processo enfrentou inúmeras dificuldades, ao denunciar o lado arcaico – e frequentemente cruel – das instituições que se deixam dominar pelo poder, particularmente no caso do poder eclesiástico.

Aqui também se afirma sua cor-agem, ao abrir-se aos ventos da liberdade, levado pela paixão de afirmar o Deus da Vida. Deus que é Pai, mas que também é Mãe, é compaixão e ternura.

Aprofundando essa dimensão mística, seu pensamento vai muito mais além do âmbito meramente intelectual, para indicar pistas que ajudam a descobrir o sentido da vida e transmitem luz e energia.

Gostaria de terminar com um caso que Leonardo gosta de contar: uma vez, ao encontrar-se com o Dalai-Lama, perguntou-lhe qual era a melhor religião e este respondeu: *"a melhor religião é aquela que nos faz melhores, mais amorosos, mais abertos ao outro/a".* É isso que acontece também quando se lê ou se ouve o pensamento de Leonardo: nos faz melhores, porque é impregnado pelo sinal da Transcendência.

Rio de Janeiro, 2000

Oscar

Estávamos em pleno Curso de Verão do CESEEP – no meio do burburinho e do inevitável movimento que implica reunir 900 pessoas! – e Oscar, como coordenador, cuidava de tudo, desde o conteúdo do tema a ser discutido até o envelope que faltava na secretaria. Ao ir procurá-lo para dar um recado, comentei rapidamente a situação dolorosa pela qual passava uma amiga comum: ele parou tudo, desapareceu – por não mais de meio minuto! – e voltou com um cartão já escrito para ela. Testemunho. O gesto me tocou profundamente, e até hoje, anos depois, revela possibilidades de um aprendizado permanente, pelo simples fato de conviver com Oscar e de vê-lo construir seu caminho.

Há gente que desperdiça os talentos que recebeu; há outra gente que os valoriza e os faz crescer. Mas são raros os que cuidam deles – há que "saber cuidar", lembra-nos Leonardo – a ponto de conseguir que os talentos se multipliquem indefinidamente, ao longo da vida… Oscar é uma dessas pessoas. É lindo poder acompanhar sua caminhada e sentir este florescimento permanente. Não é apenas a vitalidade, a capacidade de trabalho inesgotável, a memória infalível do historiador, a competência de uma inteligência brilhante, a eficiência do organizador. Talvez o que mais me toque seja sua capacidade de manter o sorriso e a serenidade, no meio de todas as confusões, e de abrir-se ao diálogo com cada pessoa, sensível às suas necessidades. Para ele, doação e entrega não são palavras abstratas, mas se traduzem em gestos concretos de abertura e de autêntico amor.

Por tudo isso, celebrar sua vida é alegria e festa: fazer memória de sua caminhada é testemunhar o compromisso – que vem cumprindo ao longo da existência – e descobrir, ao mesmo tempo, que aí o Sonho se torna realidade.

Rio de Janeiro, 2000

Salgueiro

Conhecer Salgueiro foi um acaso. Eu estava participando de uma pesquisa sobre migração brasileira nos EUA e necessitava coletar todo tipo de informações a respeito. Neste dia, fazia uma tarde quente e abafada, na Flórida, pouco propícia a trabalhos exigentes. E, sempre em busca de conhecer a realidade dos migrantes, desta vez nos permitimos um programa mais "light": assistir a um show de música e dança brasileira... A sorte é que, lá, estes programas começam cedo, para se adequar ao horário dos *snow-birds* – americanos idosos que invadem esta região, fugindo do frio do norte – e que constituem, justamente, a maioria do público.

Quando chegamos, o show já tinha começado e o salão estava cheio. Ficamos no bar, bebericando algo e acompanhando o considerado "programa exótico": "samba, mulatas e capoeira".

A surpresa foi descobrir um jovem negro e simpático – baiano, evidentemente! – professor de capoeira na cidade. Combinamos de conversar com mais calma, depois. E foi aí que surgiram alguns traços da sua experiência que me chamaram a atenção. Porque Salgueiro não veio, como tantos migrantes, com o objetivo explícito de fazer dinheiro em terras do Tio Sam. Pelo contrário, sua viagem aconteceu por acaso: tendo sido escolhido para participar de uma série de shows nos EUA, percebeu que essa era uma oportunidade imperdível. Até porque, naquela época, quem fazia capoeira era marginalizado – "só malandro que fazia, entendeu?" – e, neste contexto, a viagem oferecia possibilidades de superar o preconceito.

Terminadas as apresentações, Salgueiro resolveu visitar um irmão que já vivia na Florida; gostou e foi ficando... Começou a trabalhar, fazendo shows. Ao mesmo tempo, disciplinado, não deixava de treinar, mesmo sozinho, por sua conta: "treinava em parque, treinava em casa. Tipo assim, estilo Brasil, treinava no fundo de quintal, entendeu? Pra sempre estar em forma…".

Apaixonado pela capoeira, percebeu que torná-la mais conhecida em terras ianques significava poder divulgar, no exterior, um traço significativo do seu país. Isso passou a representar, para Salgueiro, uma responsabilidade, quase uma missão: "não era só dar aula ou trabalhar a capoeira, mas mostrar a cultura brasileira".

Hoje, bem integrado na Flórida, dirige sua própria escola. Aberta a todos, esta começou a atrair os americanos, para surpresa – e espanto – de alguns brasileiros, que os consideravam incapazes de jogar capoeira como seus patrícios. Mas Salgueiro combate qualquer preconceito: "eles podem até não ser que nem os brasileiros, mas não se pode dizer que não aprendem…".

Tampouco discrimina por sexo ou por idade. Seu mestre já dizia: "capoeira é pra homem, menino e mulher"; Salgueiro segue essa orientação e não estabelece limites. Mulheres e idosos são bem acolhidos: para eliminar qualquer insegurança, propõe aos alunos exercícios diferenciados, conforme as possibilidades de cada um. E o resultado é altamente positivo: "as 'coroas' vêm, fazem capoeira, e se sentem maravilhadas… elas aprendem bem".

Mas Salgueiro não para aí; longe de se preocupar apenas com sua carreira profissional, vem transformando sua escola em um espaço de encontro para os migrantes brasileiros. Começou a perceber que os alunos procuravam o local não só para treinar, mas por gostar do ambiente: "tem uns que chegam aqui antes da aula: se começa às 7 horas, eles chegam às 5… pra se divertir, pra brincar, pra conversar…".

Diante da solidão – tão frequente entre os migrantes – Salgueiro puxa conversa e cria um clima de acolhimento e abertura, por meio da capoeira que, para ele, é muito mais que uma mera técnica: é uma verdadeira filosofia de vida. Neste sentido, o que ensina não é apenas a forma de chutar, bater ou levar, mas é descobrir de que forma esses movimentos podem ajudar a compreender toda a vida. E o faz, como ele próprio revela, "com todo amor, todo carinho, porque eu amo o que eu faço".

Saí de lá iluminada: conversar com Salgueiro me abriu perspectivas novas. Parece que a flexibilidade e a leveza, tão características da capoeira, concretizaram-se na sua maneira de encarar a vida: desvelando os mistérios da dança baiana aos americanos, abrindo sua academia a todos – sem discriminação de idade, gênero ou raça – transformando este espaço em uma possibilidade de encontro e atraindo, assim, os migrantes brasileiros, Salgueiro desenha, em plena Flórida, as marcas existenciais da Bahia.

Flórida, 2003

Discovering the maple trees...

Vivendo um tempo em pleno *midwest* americano, descubro as *maple trees.* No outono da vida, eu que sempre me identifiquei com as palmeiras tropicais da minha terra – com profundas raízes mineiras e ramos dançando aos ventos do mundo – agora me encanto com estas árvores do norte. Nesta época é fantástica sua capacidade de ir se metamorfoseando a cada dia, em tons *degradés,* que vão do verde ao coral vivo, passando por sutis rosas e laranjas, para terminar no cobre das folhas secas, *"feuilles mortes qui se ramassent à la pelle…"*[1].

E me fazem pensar nas etapas da vida, que se sucedem e se entrelaçam. Vivencio concretamente esta experiência, junto à geração dos que chegamos aos 70: já fomos crianças e ainda carregamos, de certa forma, seu senso lúdico, junto com o brilho da juventude e a experiência da maturidade, que se conjugam hoje com a sabedoria da idade-sex.

Mas o mais incrível, nesta metamorfose das árvores, é que o processo se dá em cada árvore de uma forma específica, ainda que obedecendo a um paradigma único, que estabelece parâmetros comuns e determina a sucessão das etapas. Cada *maple tree* mantém sua originalidade e seu percurso próprio, dançando a seu jeito a melodia comum. E isto me faz pensar no nosso grupo das seis irmãs *" As Ribeiro fora do ritmo"* que, respeitando os tempos e estilos individuais, estão inexoravelmente unidas por uma história de carinho e de sororidade.

E as *maple trees* continuam me ensinando. Aprendemos, indo a um jardim botânico aqui perto, que as folhas das árvores possuem pigmentos diferenciados, mas que são "mascarados pela clorofila, pigmento dominante; e só quando esta se torna menos intensa, no outono, é que os outros pigmentos têm possibilidade de aparecer".

---

[1] "Folhas mortas que se recolhem aos montes" (Tradução da autora).

Não será essa uma característica de qualquer estrutura de dominação? Nesse contexto, o fator dominante se impõe como o pensamento único, impedindo descobrir a riqueza da diversidade, na sutileza de sua variação. Daí a importância de se lutar "contra todas as dominações" – lembrando o famoso projeto do Chico Whitaker – sejam elas do tipo que forem, do macro ao micro…

E continuo aprendendo com as *maple trees*: é um pigmento específico, que apenas algumas árvores possuem, que origina a maravilha de suas cores: "xantofil e caroteno são responsáveis pelos amarelos e laranjas brilhantes, taninos são amarelo- ouro. Mas algumas árvores, como os carvalhos e as maple-trees, possuem um pigmento especial, antocianino, que produz o vermelho brilhante". Essa distribuição diferenciada dos pigmentos, que faz com que cada planta consiga combinar, de forma original, infinitas potencialidades, me faz pensar nos talentos que cada um de nós recebeu: são dons únicos, individualmente diversificados, e cabe a nós fazê-los emergir, crescer e florescer.

Esse florescimento, entretanto, não se dá no vazio: supõe circunstâncias especificas, que podem ser mais ou menos favoráveis. Também a cor das *maple trees* não se deve apenas ao tom dos pigmentos, mas "depende também da alta proporção de assúcar, de brilhantes dias ensolarados e de noites frescas". É no vai e vem da vida, entre dor e alegria, que a gente vai conseguindo – com maior ou menor perfeição – desenhar as potencialidades que recebeu.

Last but not least: uma última característica da metamorfose das *maple trees* me parece linda: "esta mudança não tem uma função biológica explícita. É um efeito secundário das mudanças químicas, que ocorrem quando as árvores se tornam dormentes".

A beleza das folhas de outono é pura gratuidade…

Notre Dame, 2004

A dialética da cumplicidade

Meu companheiro completa 70 anos!

A data representa, em sua vida, um momento especial, marcado, no campo profissional, pela abertura aos ventos da liberdade, por um caminhar mais tranquilo, no espaço pessoal e por uma reafirmação da esperança, em tempos tumultuados de crise nacional.

Portanto celebrar é preciso. E celebrar abrindo a roda da amizade. Que começa com os filhos e netos, amplia-se pela família e abrange os amigos – família maior – atravessando fronteiras e assumindo dimensões planetárias.

Essa celebração me envolve intensamente e me ajuda a perceber a profundidade da cumplicidade que vivencio com Luiz Alberto.

Na realidade, creio que essa começou no próprio momento em que nos conhecemos, de maneira ainda informe, sutil, totalmente inconsciente: era uma reunião em Porto Alegre, nos idos de 56, e Luiz Alberto tinha se oferecido para ajudar na venda de publicações. Chegando do interior de Minas, leitora provinciana, descobri fascinada a seção dos livros de arte e me encantei com o *Miserere* de Rouault; o livreiro improvisado estimulou minha escolha, sem saber que estava me ajudando a construir uma biblioteca que, no futuro, viria a ser de ambos...

Depois, foi a paixão comum pela JUC e a vivência cotidiana na Equipe Nacional; a gente foi se aproximando, no interesse comum pelo mesmo ideal e nas tarefas partilhadas: participamos de reuniões, em que um apoiava o outro; discutimos problemas concretos do movimento, identificando características próprias de cada região, em um país tão diversificado; traduzimos juntos trechos de *Méditation sur l'Eglise*... Já então Luiz Alberto me chamava a atenção pela inédita articulação entre inteligência brilhante e disponibilidade cotidiana: era o mais respeitado entre os membros da equipe, plenamente dedicado à militância e à reflexão intelectual; mas ao mesmo tempo valorizava o espaço da gratuidade. Curtimos juntos teatro, cinema, literatura, misturando a admiração por Claudel – *"L'annonce faite à Marie"* – com a poesia de Lorca, *"verde que te quiero verde"*.

E pouco a pouco, quase imperceptivelmente, a cumplicidade foi ganhando os tons do Amor, contemplando as palmeiras de Olinda do alto do velho seminário...

O compromisso se fez realidade, diante de Deus e da comunidade das famílias e dos amigos, na capelinha da Fazenda, entre o ondular das montanhas de Minas e o perfume dos lírios do brejo.

E o exercício da cumplicidade se tornou cotidiano, iluminando a vivência da vida a dois. O início foi em Paris: Luiz Alberto assumia integralmente a secretaria geral da JEC Internacional, o que englobava desde as grandes questões do movimento até os pequenos detalhes da manutenção do velho edifício da Rue Linné, passando pelos inevitáveis probleminhas – ou problemões – pessoais entre os membros da equipe; eu tentava decifrar o discurso dos grandes professores da Sorbonne, meio perdida entre a teoria social de Gurvitch, a metafísica do tempo em Jankélevitch ou o contato direto com os textos de Marx, lendo no original *La guerre civile em France*...

Entretanto esse padrão mudou rapidamente: pouco preparados para todas as dimensões da vida a dois – entre uma moral sexual rígida e o início balbuciante da pílula – em pouco tempo nos descobrimos multiplicados com a chegada da bonequinha parisiense. E a ela se seguiram, igualmente fora de um planejamento mais rigoroso e já de volta ao Brasil, o garotão mineiro, e o "filho da liberdade", depois da prisão de Luiz Alberto, em 64.

Expressando-se na dedicação cuidadosa aos filhos e, ao mesmo tempo, no respeito à sua liberdade – e a opções que se revelariam, mais tarde, tão diversas – foi essa cumplicidade que fundamentou e continua fortalecendo nossa aliança.

Não sem riscos, porém. Até mesmo neste espaço pode insinuar-se uma sub-reptícia estrutura de dominação: no nosso caso, esta tentou se instalar, a partir de um padrão tradicional fortemente enraizado no subconsciente e fortalecido pela admiração diante do brilho da inteligência masculina; isto levava a um "natural" submeter-se feminino, em tempos pré-feministas.

Felizmente, conseguimos reverter o processo a tempo. Na dialética permanente, o lado do respeito pela alteridade e do cuidado em preservar o espaço de cada um/a se impôs. Da minha parte, a reflexão sobre a própria experiência vivida e a consciência da subordinação da mulher – que então emergia com o movimento feminista – ajudou-me a repensar esquemas. Luiz Alberto, por sua vez, soube me estimular a retomar o trabalho intelectual, de forma ainda tímida, na etapa do Jardim Botânico e mais claramente depois, nos tempos de Cuernavaca. "É raro ver alguém que se preocupa tanto com o crescimento da companheira", confidenciava-me Ivan Illitch, então.

Esse cuidado e esse estímulo se intensificaram nos tempos fecundos da FLACSO, no Chile e da UNAM, no México, quando retomei a vida acadêmica, que frutificaria depois, no Brasil, por meio da experiência profissional. Isso foi fundamental, para poder experimentar, também na área intelectual, a cumplicidade vivida a partir do diálogo permanente, com uma atenção constante para ir superando inevitáveis obstáculos. Não foi por acaso que voltei a usar meu nome de solteira, para deixar de ser apenas a "mulher de…".

No campo da Igreja, a cumplicidade se fez concreta nos encontros do Movimento Internacional de Intelectuais Católicos

– MIIC, na mesma paixão pelas CEBs, na participação no Grupo de Emaús e no nosso Mosteiro de Goiás; mas não impediu, dialeticamente, o respeito por minhas opções pessoais, nos espaços que livremente escolhi: a *Comunitá di San Paolo*, em Roma, ou os retiros com meu Grupo de Oração, no Rio.

Hoje, a família, em um processo de ampliação, se abre a novas perspectivas: os filhos se multiplicaram nas noras e nos netos – nosso encantamento atual – mas não nos fazem esquecer, na outra ponta, o cuidado com nossas duas mães, que assumimos mutuamente. Como ontem assumimos os pais e as tias, de um lado e de outro, na mesma relação carinhosa.

No permanente balouçar de uma vida que se quer vivida a dois – mergulhada no "silêncio ondulado" de Praia Brava – e aberta ao mundo, vamos vivendo a dialética da cumplicidade.

Cada vez mais, à medida que o tempo passa, preciso da presença de Luiz Alberto, de sua lucidez e perspicácia para aprofundar os temas, descobrindo perspectivas não pensadas, de seu cuidado – quase obsessivo! – com os mínimos detalhes do cotidiano, de seu carinho permanente, silencioso, mais gestual que verbal, adivinhando necessidades.

E por tudo isto, só consigo dizer:

Merci, meu amor!

Rio de Janeiro, 2005

Carolina de Assis

Carolina de Assis foi uma mulher do seu tempo: nasceu em 1841, em Chapéu d´Uvas, e veio a falecer em 1913. Entretanto ao enfrentar-se com os desafios da vida, acabou assumindo posições próprias de uma mulher do século XX, marcado pela grande transformação da condição feminina.

Nesse sentido, Carolina pode se considerar uma precursora do movimento de mulheres – feminista *avant la lettre* – embora não tivesse nenhuma consciência disto. Mas no seu itinerário pessoal, viveu a experiência – inédita para a maioria das mulheres do século XIX – de assumir sozinha não só a chefia da família como a direção de uma fazenda de café. E essa experiência lhe permitiu viver a autonomia de alguém que tenta construir seu próprio destino.

Casou-se com o Coronel Francisco Ribeiro de Assis, em 1863, com 22 anos. O casal tinha comprado a Fazenda da Floresta e lá se instalado, com os quatro filhos. Entretanto pouco depois o Coronel faleceu e Carolina resolveu enfrentar o desafio de administrar a fazenda sozinha, contando apenas com o apoio de seus servidores. Estes eram, na sua ampla maioria, escravos, o que na época era considerado "normal"; entretanto, embora este fosse um sistema violento, consta que, na fazenda, recebiam um tratamento mais humano.

Carolina montava a cavalo de lado, com suas largas saias – usando as selas da época, especiais para mulheres – e ia pessoalmente percorrer os cafezais. O êxito da plantação pode ser comprovado pelos numerosos diplomas recebidos, em feiras de café. A fazenda se desenvolveu e consta que em certo período chegou a ser totalmente autossuficiente: comprava-se fora apenas o sal.

A julgar pelas fotos, a dona da fazenda não era uma mulher bonita: baixinha, nada esbelta, tinha os traços marcados, quase ásperos. Possuía, no entanto, uma enorme fortaleza interior e uma personalidade marcante.

Um episódio – contado pelo filho à neta e por esta às bisnetas – ilustra bem essas características. Um dia, estava Carolina no amplo salão da fazenda, dedicada ao bordado, junto a várias de suas jovens auxiliares. De repente, um negro alto, forte e completamente bêbado, veio subindo as escadas da varanda, deixando as mulheres em pânico. Carolina não teve dúvidas: sozinha, enfrentou-o apenas com sua autoridade moral e ordenou-lhe que saísse. O homem obedeceu, surpreso talvez com a força desta mulher que, mais além de sua situação de classe, conseguia se impor por sua personalidade.

Sua prioridade era a família. Preocupada em vivenciar os valores cristãos e transmiti-los aos filhos, tinha na sede da fazenda um pequeno oratório, junto ao qual se reuniam para os momentos de oração. Procurou também dar-lhes uma educação sólida e uma cultura refinada. Ofereceu ao mais velho, Teodorico, uma estadia na Europa antes de lhe passar a direção da fazenda, já no final do século. Comprou para a filha Carolina, por ocasião de seu casamento com João Penido, o belo solar da Av. Rio Branco, em Juiz de Fora, que viria a ser ocupado, mais tarde, por sua neta Marita.

Sua fortaleza se transmitiu à sua descendência, particularmente às mulheres da família: reproduziu-se nos sólidos troncos que são as três netas, Irene, Marita e Lilina, e vem se multiplicando nas gerações que se sucedem.

Para as mulheres do século atual, sua vida coloca o desafio de saber enfrentar as circunstâncias que vão surgindo inesperadamente no caminho de cada uma, com a mesma fortaleza, autonomia e serenidade de quem se assume como sujeito de sua própria história.

Para mim, sua bisneta, saber que tenho em minha ascendência Carolina, mulher forte e corajosa, é uma honra e um desafio para seguir pela mesma trilha, na construção coletiva de um mundo melhor, mais justo e mais pacífico.

Andrelândia, 2006

D. Carmencita

Junto ao lado gaúcho, D. Carmencita tinha também uma identidade espanhola muito forte, como a roseira que plantou em Praia Brava – e também no Cerro Branco – e que dá rosas de duas cores... Nascida na Espanha, veio para o Brasil com 8 anos e só voltou 40 depois, para uma breve visita – quando foi conhecer a neta parisiense – e mais tarde, já na década de 80, quando Luiz Alberto morava em Roma e foram os dois vender a antiga casa da família, que ficava em Aja de Soba, perto de Santander.

Entretanto embora a vivência concreta em seu país de origem tenha sido tão limitada – não chegou a um décimo de sua vida! – D. Carmencita era profundamente espanhola. No domínio total do idioma, com suas expressões características, ao recitar poemas de Lorca, Machado ou Campoamor, no fascínio pela música e pela dança flamenca – tocava bem as castanholas - no gosto pelas touradas, cujo complicado ritual só veio a conhecer no México, nos anos 70' e até mesmo no jeito de rezar em espanhol, que manteve até o último dia de vida, já no CTI:

> *Angel de la guardia, dulce prenda mía,*
> *no me desampares ni de noche ni de día,*
> *que soy pequeñita y si no me perdería...*

Nunca quis se nacionalizar brasileira e manteve sempre seu passaporte vermelho.

A Espanha ficou como um mito, iluminando o passado. Já não sonhava – como sua mãe migrante – em voltar um dia para lá. Nem teria, aliás, um objetivo concreto para fazê-lo, já que, ao contrário de seu pai, seu futuro se desenhava no Brasil; o pai, camponês pobre, tinha vindo "fazer a América" e tendo prometido voltar para se casar com a filha do dono da "casona" – a casa solariega de D. Juan Gutiérrez del Arroyo – assim o fez, vários anos mais tarde. Isto não o impediu, entretanto, de voltar mais uma vez para o Rio Grande do Sul, de onde nunca mais saiu.

Carmencita já não poderia, também, encontrar-se com as tias – especialmente Tia Luisa, que a recebeu em 1960 – e com algumas primas mais próximas, que já partiram. Também a Casona de Aja já não é a mesma: hoje está em mãos do filho adotivo de uma delas. Tem-se a impressão que a velha árvore da família espanhola está definhando ou crescendo para lados desconhecidos.

Mas de alguma forma suas raízes reflorescem no Brasil.

O violão do filho, Orlando, retomando ritmos gitanos, as netas dançando flamenco, Luiz Alberto recitando Lorca, Paulo José dando novas expressão a trechos do Quijote: "a cultura espanhola está viva entre nós".

E sobretudo, em terras ibéricas, brota uma flor: a pequenina bisneta chega, de forma totalmente inesperada, vivendo em ambientes distintos, com outras referências, mas recupera, por meio de uma antiga cultura amazônica, a ligação com o Brasil e, inconscientemente, pelos laços do sangue, reacende a linhagem espanhola de D. Carmencita.

Rio de Janeiro, 2007

Opções que se renovam

Conversava com uma amiga, outro dia, sobre um caso de separação: tratava-se de um conhecido nosso que, depois de anos a fio de uma relação matrimonial difícil e aprisionante, resolveu deixar a parceira de forma abrupta e repentina, sem dar-lhe possibilidades de discussão. Diante dessa forma de atuar me senti perplexa e meio chocada; mas minha amiga reagiu de outra maneira, fazendo um comentário lapidar: *"optar pela vida implica sempre romper os esquemas estabelecidos"*.

Essa afirmação me deixou pensando. Haverá uma necessária identidade entre vida e transgressão, ou entre não vida e modelos cristalizados?

Parece-me que um dualismo reducionista não consegue dar conta da realidade, que se apresenta marcada pela complexidade: é sempre permeada por dimensões de vida e de morte, que se entrelaçam – e podem até se confundir, em certos momentos – enquanto elementos de um processo contraditório, em permanente evolução/involução e que só se definirá no seu término. Nossa esperança é que este signifique a supremacia da vida: *morte, onde está tua vitória?*

Imersos nesse processo, somos permanentemente chamados a optar, pela vida ou pela morte. Não se trata, entretanto, de fazer uma escolha única, de uma vez por todas, de forma precisa e definitiva. Pelo contrário, as opções se fazem a cada instante, diante das possibilidades que se colocam – e que se renovam – a cada momento. E para isto é necessária a lucidez, para ir desentranhado a meada, no esforço de identificar a dimensão de vida que aí se encontra, misturada à não vida.

Não há fórmulas fáceis. Nem se pode definir, a priori, uma estratégia única. Às vezes – talvez na maioria dos casos – é preciso realmente romper esquemas estabelecidos, questionar verdades ou pseudoverdades cristalizadas. Há sempre um esforço indispensável para chegar às certezas – *les certitudes difficiles* – que permitem optar com (relativa) segurança.

Mas isso não quer dizer que a opção pela vida implique sempre e necessariamente a ruptura de esquemas. Aninhando-se em seus meandros, a vida pode se esconder até mesmo nas realidades mais rígidas, e fazê-las pulsar, fecundando-as – qual invisível semente – para que se transformem em canais de energia. Talvez até, nesse caso, o esforço de lucidez precise ser maior, para desentranhar os veios por onde passa a vida: não há que se deixar obnubilar por falsos lampejos, nem ceder à permanente tentação da acomodação aos hábitos adquiridos, no vácuo onde o deserto da morte já se instalou.

Rompendo ou não os esquemas, abrindo novas pistas ou transitando por trilhas já delineadas, é imprescindível dar conta das escolhas que se impõem e se renovam a cada momento. Porque optar pela vida significa ir desenhando os caminhos da liberdade, permanentemente criando e re-criando a vereda a ser construída a cada passo e que nunca mais voltaremos a pisar.

"Se hace camino al andar..."

Rio de Janeiro, 2007

"Abuelazgo"

Há vários anos, de passagem por Buenos Aires, um amigo argentino me revelou o segredo do *"abuelazgo"*: a intensa e rica experiência de ser avô. Isto significou, para ele, uma série de mudanças na casa: a mais importante foi uma reforma geral do jardim e a instalação de uma churrasqueira. Mas além das questões materiais, houve outras mais profundas: na realidade, confessou ele, o *"abuelazgo"* modificou todo o seu ritmo de vida.

Seu entusiasmo pareceu-me algo inusitado e desproporcional. Nunca tinha ouvido essa palavra – nem sabia como traduzi-la! – e ignorava ainda mais seu significado existencial. Entretanto sua experiência marcou minha memória.

Hoje, cercada por seis netos, consigo finalmente descobrir – e mergulhar! – em toda a riqueza dessa vivência.

Para qualquer um que tenha netos ou netas, a alegria – embora não obrigatória, há, infelizmente, exceções! – é espontânea. Alegria de vê-los brotar, inesperadamente, de vê-los crescer, de simplesmente vê-los viver/existir…

É inevitável descobrir semelhanças, reais ou imaginadas, com os pais, que são ao mesmo tempo nossos filhos: e perceber plasticamente essa continuidade – nos gestos, no olhar, na maneira de andar – traz um prazer enorme. Por outro lado, vai se revelando também a originalidade única de cada ser: aqui, o olhar atento e cuidadoso pode se deslumbrar com horizontes imprevistos ou defrontar-se com segredos surpreendentes. Mas também pode se perder num labirinto onde becos escuros não levam a lugar nenhum…

É uma descoberta cotidiana, que supõe acompanhar cada gesto novo, cada gracinha que irrompe, cada sentença que vai, aos trambolhões, criando sentido.

No início, o encontro é mais gestual: pegar no colo, acariciar, provocar sorrisos, brincar... Pouco a pouco, passa a verbalizar-se – seres de palavras que somos – nas tentativas de se expressar por meio de um linguajar ainda impreciso, mas sempre criativo.

Gradualmente, vamos conseguindo perceber o que vai por dentro dessas cabecinhas, quando, já capazes de formular frases, vai se articulando o diálogo. Nem sempre este se submete aos cânones da racionalidade; pelo contrário, muitas vezes sua riqueza está em perder-se pelos bosques da fantasia. E por aí se desvelam mundos insuspeitados, celebrados com sorrisos de surpresa diante do inesperado e, ao mesmo tempo, com um olhar pícaro de quem já percebe que, na realidade, não é bem assim...

A comunicação vai se estabelecendo e o linguajar tosco e pouco burilado não consegue impedir o fluxo da torrente. É como uma energia pura, intocada ainda pelas durezas da vida, derramando alegria, celebrando a vida.

Mas o *"abuelazgo"* não é só a pura curtição descomprometida. Para nossa geração, é impossível desvincular-se da responsabilidade. E então – embora nem de longe tentemos usurpar o lugar prioritário e insubstituível dos pais – é legal sentir que também temos um papel na complexa tarefa educativa. Transmitir informações e conhecimentos por um lado e, por outro, fundamentar uma dimensão ética, por meio de valores essenciais, são tarefas às quais não podemos nos furtar. Só que, longe de assumi-las como a obrigação de um dever-ser que se impõe, podemos – e devemos! – descobrir formas criativas e lúdicas, que jorram pelas sendas de um fluir espontâneo, aproveitando oportunidades. E o prazer se maximiza quando descobrimos, do outro lado, uma curiosidade ávida de saber. É então que os papeis se invertem e somos nós que aprendemos com eles...

Com os anos, o diálogo pode se aprofundar, ou não: nada é linear nem necessariamente garantido. Há que estar atentos às mudanças de fase, a novas formas de se expressar, a interesses diversos.

Quando os netos eram pequenos – o mais velho chegava então aos limites da adolescência – curtimos com eles uma experiência inédita de férias: pela primeira vez, conseguimos juntá-los todos, mais filhos e noras – faltando apenas a netinha espanhola – para partilhar a delícia de uma temporada na estância dos antepassados, em pleno pampa gaúcho. Isso ajudou a aprofundar a dimensão familiar: histórias e "causos" se multiplicavam, na hora – ou fora da hora – do chimarrão…A cultura do sul permeava, vivencialmente, o ritmo da vida da fazenda: de manhã, depois de tomar o leite quentinho recém-tirado, os meninos iam arriar os cavalos para já sair galopando, saindo da cocheira; os pequeninos montavam junto aos pais ou a tia, exibindo-se para os avós. À tarde, no pico do calor, o banho de arroio era o programa favorito. E contemplar o brilho de uma multidão insuspeitada de estrelas – que só se descobrem na amplidão do pampa – era o presente da noite, antes de dormir.

Esse tempo junto aos netos, na estância do sul, foi uma opor- tunidade privilegiada para descobrir a riqueza específica de cada um – na irredutibilidade da identidade individual – e para aprofundar uma relação pessoal e única, desvelando desejos e necessidades. Ao mesmo tempo, íamos pressentindo também que há um enorme dinamismo nos processos vitais deles e nossos e que, em breve, novos desafios se colocariam. Mas foi gostoso poder viver esse tempo, permeado sempre pelo som da música gaúcha:

> *"...oi, bota aqui, oi bota aqui o teu pezinho,*
> *o teu pezinho bem juntinho com o meu...".*

Cerro Branco, 2008

Nosso corpo (não) nos pertence

"Nosso corpo nos pertence". A frase, que o movimento feminista repetia com convicção e entusiasmo, nos anos 70, pode – e deve – ser retomada hoje. E por uma razão muito simples: o direito que os seres humanos – e muito particularmente as mulheres – têm de exercer o controle sobre seu próprio corpo, até hoje não conseguiu se traduzir integralmente na prática, especialmente no que diz respeito à sexualidade e à reprodução.

É verdade que, ao longo desses anos, foi se construindo uma consciência mais clara em relação a essa questão: declarações e convênios afirmam a legitimidade dos direitos sexuais e reprodutivos. Entretanto ainda falta muito para que estejam totalmente garantidos. E, portanto, na defesa desses direitos, a afirmação feminista continua a ser totalmente válida e oportuna.

Entretanto se mudamos de registro e nos questionamos a partir da própria experiência pessoal, a dúvida emerge: é possível apropriar-nos totalmente do próprio corpo?

Ao formular essa pergunta, porém, estamos partindo de uma premissa que aí está implícita, mas que também pode ser objeto de discussão: é possível estabelecer uma distinção entre o sujeito que se apropria e o objeto que é apropriado, quando se trata do ser humano?

A questão não é simples. Porque não queremos recair na dualidade grega, que não apenas separa, mas, além disso, hierarquiza corpo e espírito, conferindo a supremacia a este último. Partimos, ao contrário, da ideia de unidade do ser humano, corpo/mente/espírito.

Parece-nos, entretanto, que admitir essa unidade não implica negar a distinção entre esses níveis: a articulação que existe entre eles não impede que cada um mantenha uma "autonomia relativa", lembrando o conceito althusseriano. A imagem da teoria dos conjuntos, nesse sentido, pode ajudar: supõe círculos que se sobrepõem apenas parcialmente: cria-se, assim, um espaço de intersecção, mas se mantêm simultaneamente áreas autônomas.

Nessa perspectiva, podemos admitir que a dimensão consciente – mente/espírito – e a dimensão biológica – corpo – encontram-se intimamente entrelaçadas, na unidade do ser humano, mas ao mesmo tempo, conservam, cada uma delas, sua autonomia.

É essa autonomia – sempre relativa – que às vezes nos surpreende, ao descobrirmos uma certa "rebelião" do corpo, que não se submete às injunções conscientes/racionais e que parece atuar por própria conta. Caso contrário, como explicar as pequenas – e grandes – mazelas que vão sorrateiramente se instalando em nosso organismo, com o passar do tempo, ou que irrompem de uma hora para outra e que simplesmente não conseguimos impedir, e menos ainda prevenir?

Aliás, nem é preciso chegar até o nível patológico para entender a relativa autonomia corporal. Mesmo o funcionamento "normal" do organismo supõe uma série de atividades inconscientes e involuntárias, no sentido de não serem comandadas diretamente pela nossa consciência; são elas que permitem, aliás, que este funcione "no automático", sem que necessitemos necessariamente controlá-lo todo o tempo.

E se passamos a um plano mais profundo, há que reconhecer que os momentos definitivos – a irrupção da vida e da morte – acontecem independentemente de nossa vontade e de nossa consciência, de forma misteriosa e inexplicável, em um tempo que é impossível prever com exatidão. Nesses momentos, mergulhamos no nível do não explicável racionalmente, que foge ao controle do conhecimento.

Admitir esse não controle racional do corpo significa que, no nosso cotidiano concreto, convivemos, a cada dia, com o inesperado do nosso estar bem ou estar mal, que significa um dia ótimo, outro péssimo e todas as gamas intermediárias...

É claro que podemos fazer muito para controlar estas oscilações e para manter um patamar saudável e feliz. É claro também que nossa dimensão racional e sobretudo psíquica e emocional influi – positiva ou negativamente – nas oscilações orgânicas. Mas talvez aceitar esta autonomia relativa nos ajude – com uma atitude de abertura e de humildade – a reconhecer que não podemos exercer um controle pleno: nosso corpo nos pertence e não nos pertence...

Rio de Janeiro, 2008

"Bonjour, limites!"[2]

Partilhando uma experiência de limites, com os amigos e amigas que também a vivenciam.

Vivenciar os limites faz parte do aprendizado humano. Às vezes esse processo vai se intensificando, progressivamente, ao longo dos anos. Outras vezes, radicaliza-se nada mais que de repente, quando sucede o imprevisto. Foi o meu caso: uma freada brusca, um tombo no ônibus, e, em consequência, traumatismo craniano e a visão dupla, com a qual venho convivendo, semanas a fio...

Uma experiência assim é sempre extremamente exigente e coloca múltiplos desafios.

O primeiro deles é a própria aceitação da nova condição, sobretudo quando esta irrompe inesperadamente, revirando a vida e alterando todo o cotidiano. Inevitavelmente, a aceitação externa se impõe, sem discussão possível. Mas há sempre os graus da liberdade interior, que permite – pelo menos! – escolher as diversas alternativas: revolta, inconformismo, submissão passiva ou aceitação consciente diante do inevitável (não necessariamente nessa ordem nem definidas de forma absoluta e exclusiva). O desafio é permanente e a cada dia precisa ser (re)conquistado. Condição básica sempre é uma enorme capacidade de paciência, já que os processos de recuperação são extremamente lentos e tudo precisa ser feito com muita calma...

Ligado a este, está o dilema da acomodação versus a autonomia possível. Em um primeiro momento, esta última parece

---

[2] Agradeço a sugestão do título a Letícia Cotrim, lembrando *Bonjour tristesse* (1954), de Françoise Sagan, que fez sucesso em nossa juventude, nos idos de 50.

esfumar-se por todos os lados. Ver-se, de uma hora para outra, presa a uma cama de hospital, às voltas com o choque, a dor, e ligada – muito concretamente – ao inevitável tubo do soro, é suficiente para imobilizar qualquer um...

Mas as vivências não são simples nem unívocas: brota, ao mesmo tempo e paradoxalmente, uma dimensão de alívio: nos vemos "absolvidas" de toda e qualquer responsabilidade ou obrigação – e isto para pessoas ativas, permanentemente (pre)ocupadas com múltiplos compromissos, pode significar, no primeiro momento, uma trégua bem-vinda, que nos devolve a nós mesmos(as), podendo agora dedicar-nos exclusivamente ao cuidado do próprio corpo, sem tempo marcado e sem culpa.

Hélas! Tal tarefa adquire imediatamente novas dimensões: somando-se aos cuidados considerados "normais" (ginástica, alimentação, repouso) multiplicam-se as terapias de todo tipo, os horários dos remédios, os exames, as consultas médicas... E para responder às novas solicitações, descobrimos que a energia – tanto física quanto psíquica e emocional – baixa espantosamente, obrigando a paradas frequentes. As limitações surgem de todo lado, para caminhar, para se locomover, para assumir o cotidiano em suas menores dimensões.

A dependência se faz presente e entregar-se totalmente a ela ou, pelo contrário, tentar identificar graus de autonomia possível é um desafio constante. Até porque a situação é sempre mutável e a autonomia é uma conquista permanente, baseada em um princípio básico: descobrir a cada momento tudo o que se pode fazer por si mesmo(a) – *all by myself* – e não abrir mão de nenhuma das próprias capacidades, ainda que mínimas.

Há que reconhecer, entretanto, que certas coisas já não podemos mesmo fazer. Surge, então, o desafio de aceitar ser cuidados(as) ou mesmo – mais complicado ainda! – expressar as próprias necessidades e saber pedir o que se precisa. Isto é tanto mais difícil quanto mais nos encontramos em uma situação de fragilidade: esta costuma trazer uma hipersensibilidade a tudo que possa nos afetar, positiva ou – sobretudo! – negativamente. As exigências – objetivas e subjetivas – podem se multiplicar e nem sempre os(as) outros(as) conseguem responder a elas adequadamente.

Nesses casos, a mágoa – ou mesmo o ressentimento – pode se infiltrar (nem tão) sub-repticiamente. Aqui, é importante saber distinguir os diversos tipos: se algumas mágoas são total ou parcialmente justificadas, outras podem ser resultado de exigências excessivas não correspondidas. Talvez a melhor forma de administrar essa realidade seja, sem negá-la diretamente, fazer interiormente um trabalho para minimizá-la. E não permitir que o coração se transforme em um copo repleto de mágoa, porque então, como já nos prevenia Chico Buarque "qualquer desatenção – faça não! – pode ser a gota d'água…".

Finalmente, apresenta-se o desafio da solidão. Porque, em alguns momentos, esta é inevitável. É verdade que, às vezes, pode até ser bem-vinda; o cansaço e a exaustão podem limitar ou mesmo cortar as possibilidades de diálogo com o/a outro/a: tudo o que se quer mesmo é estar tranquilo/a sozinho/a e poder descansar… Em outros momentos, entretanto, há que conviver com a ausência, mesmo indesejada. E saber encontrar-se consigo mesmo(a), sem angústia nem tristeza, em paz, é também uma conquista. E uma oportunidade para crescer interiormente.

Para os que cultivam a espiritualidade, abrem-se possibilidades únicas, que podem ser trilhadas, com maior ou menor facilidade. Porque, naturalmente, os obstáculos estão sempre presentes: as carências e a falta de energia podem dificultar a capacidade de concentração. E aqui, o esforço e a disciplina – palavra que a gente odiava tanto! – são indispensáveis.

Aliás, não só nessa área: as menores decisões, nestes períodos de compromissos externos reduzidos, exigem força de vontade e a capacidade de saber administrar nosso tempo e nossas atividades; afinal, em última análise, somos nós mesmos os principais responsáveis por todo o ritmo da vida.

Isso não significa adotar uma posição de rigidez ou de excessivas exigências; porque o esforço cotidiano, às vezes, é sumamente cansativo. Paulo José – que tem uma longa experiência nesse campo, enfrentando corajosamente o mal de Parkinson há mais de 15 anos – afirmava, em uma de suas últimas entrevistas, que há que manter uma séria disciplina pessoal, em termos de tratamentos e terapias, mas ao mesmo tempo reconhecia que *"há momentos que isto cansa, e a gente tem vontade de chutar o pau da barraca..."*. Nessa hora, segundo ele, é preciso conseguir um espaço de negociação consigo mesmo(a) e distinguir o que é – e o que não é – possível conceder-se.

Ou seja, em última análise, o suporte básico com o qual se pode contar, nessa hora, está em nós mesmos: em nossa força interior e – para os que creem – na Presença misteriosa que nos habita.

Mas – felizmente! – há também muitos outros apoios que se apresentam e que há que descobrir.

Sem dúvida, a presença das pessoas queridas é absolutamente fundamental. Para quem partilha a vida com um companheiro(a), esse é o apoio principal. No meu caso, poder contar com esse cuidado constante e incansável foi um dom inestimável.

Junto, estão a família e os amigos(as), desde os mais próximos, dividindo o cotidiano concreto – incluindo as secretárias e "cuidadoras" – até os que aparecem providencialmente. Cultivar, incentivar – e saber agradecer! – essa presença e esse carinho é uma atitude básica. Cria-se assim uma rede de energia, que fortalece a dimensão da cura.

Mas há também os contatos virtuais: a internet, nesses momentos, joga um papel insubstituível (sempre que a vista esteja minimamente em condições!). E há os livros, a música, os jogos.

Outro elemento importante é retomar, na medida das possibilidades, a vida "normal" e não se colocar em uma posição marginal. Aí, para os/as que têm no trabalho profissional um eixo central da vida, reassumi-lo – mesmo que de forma inevitavelmente limitada – joga um papel central.

Enfim, cada um(a) vai administrando o cotidiano a seu modo. Mas talvez o mais importante seja estar abertos/as a tudo de bom que vai acontecendo cada dia, de forma às vezes imprevista, e que pode mudar – se não nossa condição objetiva – pelo menos nosso astral para vivenciar os limites...

Rio de Janeiro, 2009

Bodas de Ouro: construção e dom

Anormalidade? Ou privilégio? Ouvi as duas interpretações, nestes tempos de preparação para as Bodas de Ouro. E creio que cabem as duas, em distintas circunstâncias. Porque, como qualquer fenômeno humano, também as Bodas de Ouro podem ser vividas – e interpretadas – de maneiras as mais diversas. O certo é que é uma aventura para poucos. A caminhada a dois pode se interromper antes, sujeita permanentemente ao risco da separação, voluntária ou não. Ou simplesmente se desgastar, ao longo dos anos, entre doenças, acomodações, tédio, omissões e intromissões, dominações sutis ou explícitas... Na realidade, ninguém chega totalmente incólume. Convivemos sempre com a precariedade da condição humana: *bonjour, limites!*

O que conta é preservar o essencial e isto é possível, quando o amor é real e há um esforço, cotidianamente renovado. Nesse sentido, uma relação autêntica, que se mantém viva há meio século significa uma construção a dois, fazendo-se e refazendo-se permanentemente.

Mas, acima de tudo, chegar às Bodas de Ouro constitui um dom, que recebemos gratuitamente. E que, na simplicidade da acolhida, reconhecemos como tal. *O Senhor fez em nós maravilhas...* E por isso agradecemos. E celebramos. E queremos partilhar com os numerosos amigos, espalhados pelo Brasil e pelo mundo afora – *"yo tengo tantos hermanos que no los puedo contar"* – e com a grande família, incluindo tios, irmãos e cunhados, sobrinhos e primos. Mas hoje queremos celebrar especialmente com a familinha, que brotou do nosso encontro, há 50 anos. Porque o dom do Amor se multiplicou nos filhos, noras e netos e hoje já somos 13!

Foi uma longa travessia, peregrinando pelo Brasil, pela Europa e pela América Latina; talvez não tenha sido por acaso que, desde pequena, me encantei com a Marcha dos Peregrinos, seguindo a tradição wagneriana de meu pai.

Não fomos os únicos, porém; nossa experiência foi um testemunho de toda uma geração, que se engajou totalmente em um projeto sociopolítico, sonhando em transformar o mundo; e foi também o dessa mesma geração, ao ver tantos dos seus sonhos desfeitos. Apesar disso, continuamos mantendo acesa *la petite Espérance*, em um país que se abre a novas perspectivas, no contexto de uma realidade planetária que vem mudando cada vez com maior rapidez.

"Amar não é só olhar um para o outro, é também olharem juntos na mesma direção". A frase que escolhemos para a festa se inspira em St. Exupéry, mas, ao contrário do autor francês, mantém a tensão entre os dois polos, numa dialética permanente, a iluminar a vida. Porque se trata de um projeto que construímos a dois, mas que, longe de se fechar numa simbiose que anula diferenças, supõe o florescimento de identidades próprias, que se abrem ao mundo, na riqueza de estilos diversos.

Nesse processo, trata-se também de manter elementos de uma tradição viva, autêntica e significante, e, ao mesmo tempo, ir descobrindo dimensões novas, que não se aceitam apressada e acriticamente, mas que vão sendo conscientemente escolhidas, configurando a utopia surgindo no meio de nós.

Trata-se ainda de uma caminhada que não termina aqui. Abre-se, no momento atual, a uma nova etapa, constituída por uma realidade contraditória, que inclui perdas e ganhos, mas que pode ser vivida com alegria: é quando descobrimos que um outro envelhecer é possível.

Hoje, renovamos nossa opção de seguir juntos até o momento do salto definitivo, acreditando – conforme as palavras de Leonardo Boff – que: *"não vivemos para morrer, morremos para ressuscitar!".*

Nossa história, certamente, não é um conto de fadas; inclui os percalços e contradições próprios da condição humana. Mas é a partir dessa realidade que posso dizer: *fomos felizes para sempre...*

Rio de Janeiro, 2009

Velhice, uma realidade incômoda?

Redescubro, entre velhos arquivos guardados, uma crônica de Rubem Alves sobre a velhice, na qual vai enumerando características que, na sua opinião, a definem:

> A gente é velho quando para descer uma escada, segura firme no corrimão e os olhos olham para baixo para medir o tamanho dos degraus; a gente é velho quando começa a ter medo dos fotógrafos e a fugir das fotos de perfil porque nelas as papadas aparecem […].

E por aí segue, dando vários exemplos. O mais grave é que não é o único a ter essa visão puramente negativa da velhice. Simone de Beauvoir, que escreveu sobre esta temática há mais de 40 anos, a descrevia como uma *"realidade incômoda, uma espécie de segredo vergonhoso em torno do qual se tece uma conspiração de silêncio"*.

Mesmo a literatura atual confirma essa perspectiva: Benoîte Groult, em novela recentemente publicada, refere-se ao *jeunisme* predominante, para o qual a velhice é encarada quase como um delito, do qual só é possível redimir-se <u>não</u> falando a respeito. Já na perspectiva antropológica, Miriam Goldemberg constata a realidade do preconceito, mas percebe, numa análise sutil, que este pode ser "encoberto", pelo fato dos idosos – sobretudo as mulheres – não se reconhecerem como tais, o que torna duplamente difícil abordar a questão.

Persiste o preconceito, para não falar de um verdadeiro estigma; e como dizia Albert Einstein, *"é mais fácil romper um átomo do que quebrar um preconceito"*. Este se expressa nos menores detalhes da vida cotidiana: na linguagem, na negação da idade, nas atitudes de desrespeito e descaso, quando não de verdadeira exploração e abuso.

E aqui se coloca o grande paradoxo: a modernidade, que conseguiu, a partir dos progressos tecnológicos e científicos, ter uma população crescentemente mais velha e criar condições mais favoráveis para viver o processo do envelhecer, ainda mantém, ao mesmo tempo, atitudes e comportamentos profundamente discriminatórios.

Duas razões, a meu ver, podem explicar – embora não justifiquem – tais atitudes e comportamentos. Por um lado, vivemos em uma sociedade em que o mito da juventude se impõe: o modelo ideal é o de um corpo jovem, belo e esbelto. Não se trata apenas de ter um corpo saudável e equilibrado – preocupação legítima que vem marcando nossa época – mas de uma verdadeira obsessão, que se sujeita a qualquer sacrifício para construir o "modelo perfeito". É evidente que tal modelo não se aplica aos que expressam, fisicamente, em seu corpo, as inevitáveis marcas do tempo e que, em consequência, passam a ser desvalorizados nessa sociedade.

Mas há também outro elemento: vivemos em uma sociedade de mercado, determinada pelas leis que o regem e, nessa perspectiva, aquele que não produz é descartável. *O material humano só desperta interesse na medida em que pode ser produtivo"*, afirma Beauvoir. Fora do mercado de trabalho, e portanto não se integrando nesse grupo, os idosos(as) são inevitavelmente marginalizados.

Para expressar o preconceito, a língua inglesa usa a palavra *"ageism"*, que não tem um equivalente em português; entre os estudiosos, vem sendo traduzida por "preconceito etário" e "discriminação etária". Mas, de uma forma ou de outra, aponta para um fato real. Aceitos sem questionamentos pela grande maioria, preconceito e discriminação contra a velhice são internalizados inclusive pelos próprios idosos, com dificuldades para se reconhecer como tais, ou chegando mesmo a negar a idade.

Afirmar a existência da discriminação não significa, entretanto, cair numa análise simplista, negando valor e consideração aos mais velhos. Pelo contrário, a realidade é marcada por uma profunda ambiguidade: junto a essa tendência dominante, também existem espaços onde não só se preserva a tradição de respeito aos idosos, de consideração pela sua experiência e sabedoria e de admiração pelo que (ainda) conseguem fazer, mas onde também estão brotando novas reações.

Assim, o próprio conceito de Terceira Idade – que surgiu há relativamente pouco tempo – tenta apresentar uma visão positiva dessa etapa.

Entretanto ao reagir contra o preconceito e a discriminação, corre-se o risco de passar para o outro extremo, numa visão ufanista e jubilosa da velhice, preocupada apenas em enfatizar um ócio "merecido", a ser preenchido com atividades de lazer. Descobre-se aí uma concepção alienante, que de certa forma "infantiliza" o idoso, eludindo suas possibilidades de viver e atuar como uma pessoa adulta, responsável por sua própria vida. Mais ainda: ao trazer uma visão edulcorada e simplista da velhice – a "melhor idade" – nega-se uma realidade marcada pela complexidade.

Porque não se pode esquecer que, junto aos aspectos positivos dessa etapa da vida, suas inevitáveis limitações também estão muito presentes. Em algumas situações específicas, podemos até reconhecer que Norberto Bobbio tinha razão, ao deblaterar contra a *vecchiaia*. O desafio implica em analisar, a cada momento, a situação real, para poder aprofundar seus ganhos e, ao mesmo tempo, lidar – e superar! – as perdas.

Mas não se pode, fazendo uma analogia com o movimento negro americano, afirmar de forma simplista que *old is beautiful*: aqui, o processo é bem mais complexo...

Rio de Janeiro, 2009

Tempo do cuidado

Pensando nos amigos jovens que enfrentam doenças, acidentes, cirurgias;

nos amigos não tão jovens, que descobrem as limitações da idade;

e, sobretudo, nos idosos "doublés" de enfermos.

Estamos no tempo do cuidado.

Trabalho e cuidado constituem, segundo o pensamento de Leonardo Boff, os dois modos básicos de ser-no-mundo. Enquanto o trabalho se dá na forma da interação e da intervenção na natureza – corporificando a dimensão do masculino, no homem e na mulher – o cuidado vê a natureza e os seres que nela habitam não como objetos mas como sujeitos que coexistem; aqui, a relação é de comunhão, revelando a dimensão feminina do ser humano.

Na realidade, estes dois modos de ser-no-mundo não se opõem; ao contrário, se articulam e se complementam. Adquirem, além disso, expressões diferenciais, ao longo do tempo: transformações vão se dando nas maneiras de vivenciá-los.

Na véspera – ou antevéspera – do término da vida, abre-se talvez um momento especial, em que o cuidado passa a ocupar um lugar prioritário, em relação ao trabalho.

Nesta etapa a pessoa já não consegue mais – *"aunque lo quisiera"* – dar conta do ritmo que a atividade profissional exige, sobretudo na época atual. Nem fazer tudo o que fazia antes.

Lembro do tempo em que eu trabalhava em regime de horário integral; a este se somava a "segunda jornada" – típica da

situação feminina – tendo que combinar, simultaneamente, atividades profissionais, domésticas e extra domésticas. Nem sei como
consegui dar conta de tudo... É claro que, com o passar do tempo,
esse cenário já sofreu muitas – e substantivas – modificações.

Mas, felizmente, se em termos de quantidade/intensidade,
o ritmo da produção baixa, não acontece necessariamente o
mesmo com sua qualidade. Pode-se produzir menos e igualmente
bem – ou até melhor! – como também se pode produzir menos
e pior... As possibilidades estão abertas. Tudo depende de como
se consegue compreender e direcionar a metamorfose que vai se
dando nas formas de produzir.

Para a minha geração – por sorte! – a etapa do envelhecer
coincide com o processo de rápidas e profundas transformações
tecnológicas nos meios de comunicação. A revolução da informática abre caminhos insuspeitados para que se possa continuar a
produzir, usando os novos recursos (é óbvio que sem a pretensão
de dominá-los totalmente...) De qualquer forma, nesse contexto,
abrem-se possibilidades de uma atividade produtiva adaptada
à atual situação, trabalhando em casa, com horários flexíveis e
administrando a própria agenda. Naturalmente, também se colocam novos desafios: a autodisciplina, certo isolamento, a falta de
interlocução presencial, a comunicação virtual. Descobrir novas
pistas exige esforço e criatividade: há que aproveitar qualquer
brecha que se abre para – enquanto possível for – inventar caminhos e continuar produzindo.

Mas talvez seja esse o momento em que há que se dedicar,
prioritariamente, à dimensão do cuidado, que, ao contrário do
trabalho, oferece-se sempre, em maior ou menor grau, como uma
possibilidade aberta.

"Hay que ser fértil siempre" dizia a mãe – já idosa – da minha amiga guatemalteca, descobrindo alternativas: cuidar das flores, aprimorar o tempero de uma comida especial ou acompanhar as tarefas escolares da neta…

A realidade multifacetada do cuidado aponta para várias direções.

Cuidar de si seria o primeiro passo: do corpo, que nesta etapa da vida precisa não só ser cuidado, mas também curado (por razões óbvias) e da mente, que necessita ser cultivada – incluindo os campos da arte, da música, da literatura – a partir de uma condição emocional que busca o equilíbrio, num dinamismo permanente.

Mas há que cuidar, sobretudo, das relações de amizade – dentro e fora da família – e, permeando tudo, da relação pessoal com o Transcendente, passando pelo cuidado com a natureza, sua criação.

Há, entretanto, outro desafio, talvez mais complicado do que descobrir como, quando e o que cuidar; trata-se de começar a se perceber como <u>objeto de cuidado</u>.

Vivi, há pouco, uma experiência simples, mas que me fez pensar. Curtindo uma manhã de praia, ao entrar no mar, uma onda traiçoeira me deixou imprevistamente de joelhos; ao tentar me levantar, veio outra onda – igualmente traiçoeira – e me derrubou novamente. E aí percebi o olhar, entre surpreso e preocupado, de um casal de namorados que estava perto; interrompendo o ritual de carícias no qual os dois estavam imersos até então, vieram me perguntar se eu queria algo. "Não, tudo bem" respondi, conseguindo a duras penas recuperar o equilíbrio e entrar finalmente de forma decidida no mar. Mas sensações as mais diversas me invadiram, baralhando-se entre a satisfação de constatar um sinal de solidariedade, a humilhação de ter um desempenho precário diante de ondas inesperadas e a alegria de me sentir, finalmente, ainda capaz de tomar meu banho de mar com total liberdade... Não pude evitar, entretanto, a pergunta incômoda que irrompia: "até quando poderei fazê-lo?".

Descobrir-se – gradual ou imprevistamente – como objeto de cuidado não implica necessariamente mergulhar em cenários a priori pessimistas. Mas significa simplesmente aceitar o aprendizado de cada dia, lutando sempre – é claro! – por manter a autonomia, e, ao mesmo tempo, conscientizando-se que esta pode terminar um dia. E para isso há que estar preparados...

Talvez a conclusão mais importante seja lembrar:

"tempus fugit, carpe diem".

Rio de Janeiro, 2010

Reflexões ao longo de uma viagem ao Sul

Enquanto me instalava no meu lugar, no avião para Porto Alegre, entrou uma senhora bem idosa: cabelos ralos e embranquecidos, rosto enrugado, olhos encovados, caminhar trôpego. Foi apenas uma rápida percepção: ela se sentou numa poltrona mais à frente da minha e não a vi mais. Mas naquele momento, diante da evidência dos sinais físicos da velhice – que, no caso, nenhuma maquiagem tentava disfarçar – tive a mesma reação do Príncipe Sidharta: o que é isso?

À noite, a experiência foi existencial: fazia frio, cheguei muito cansada e aconchegada na cama quentinha e gostosa, dormi direto. Mas quando me levantei para ir ao banheiro, senti todo o organismo desestruturado internamente: nada grave, nenhuma dor, apenas o cansaço se materializando concretamente na sensação de desorganização. Voltei a dormir – depois de tomar um leite quente, que algum cuidado é preciso... – e com isto, o cansaço foi se esfumando e o corpo, pouco a pouco, reestruturando-se. Acordei com a sensação da recuperação, depois da desordem inicial, tudo entrando pouco a pouco nos eixos. Mas a experiência me surpreendeu. E mais uma vez tive a sensação do estranhamento: o que é isso?

A dimensão degenerativa, tão evidente em uma percepção fenomenológica do envelhecer, não é fácil de assumir. Mas seu caráter inelutável se impõe. E não só para os seres humanos.

Dessa vez, passando um tempo no sul, numa estância de criação, em pleno pampa, chamou-me a atenção o processo de envelhecimento do gado: aprendi que as vacas também perdem massa muscular e massa óssea – podem ter osteopenia! – os pelos ficam mais brancos e finos, os dentes se desgastam e até a coluna vertebral, embora na posição horizontal, sofre um arqueamento.

Sem dúvida, o envelhecer, visto de uma perspectiva puramente biológica, conserva aspectos que são comuns a todos os mamíferos...

Por outro lado, junto à tendência degenerativa, foi-nos dado o maravilhoso dom da recuperação, como um instinto de vida permanente, que renasce a cada vez que sentimos nosso organismo ameaçado, diminuído ou amputado na sua integridade, em função de doenças, cirurgias, acidentes.

A energia cósmica que nos criou, a cada momento nos recria, numa sinfonia permanente que se repete incansavelmente. É verdade que a repetição vai se fazendo cada vez mais lenta e difícil e chega um momento – há que reconhecer – em que esse dom se esgota, no momento da morte.

Até lá, oscilamos entre degeneração e regeneração. E pensando nessa perspectiva, é possível imaginar o processo como uma linha que, embora tendencialmente decrescente, incluiria picos de efetiva melhoria.

É claro, entretanto, que o envelhecer não se esgota em sua pura dimensão biológica; sua trajetória é bem mais complexa e cada ser humano a desenha de forma única e irrepetível.

Isso não impede que, em algum momento, possa-se fazer uma distinção, puramente analítica, para entender melhor como funcionam os mecanismos da base biológica. Até porque, fazendo uma analogia com as categorias marxistas, poderíamos talvez considerar que esta é *"determinante em última instância...".*

Cerro Branco, 2010

Percalços de uma pesquisa transnacional

Ou como sentir-se – parcialmente – migrante,
sendo pesquisadora latino-americana nos EUA...

"*US$ 1.056,00, that is what you have to pay*",[3] declarou a funcionária da Avis, quando fomos devolver o carro alugado, por mim e meu colega, no aeroporto de Atlanta. Foi um choque. Sabíamos que seria caro, mas não tanto!

Na realidade, ao chegar aos EUA, para participar de uma pesquisa sobre migração, depois de uma longa viagem e uma caminhada extenuante pelos imensos corredores do aeroporto, certamente não nos encontrávamos nas melhores condições para negociar o aluguel e, menos ainda, para fazê-lo em inglês, com sotaque do sul do país! A mulher que nos atendeu, uma afro-americana jovem e elegante, com um tom dourado nos cabelos, possivelmente percebeu isso e resolveu "empurrar-nos" um carro mais caro, incluindo todo tipo de acessórios – para nós desnecessários – avisando apenas que a diária era de US$ 109,00 dólares. Pareceu-nos um preço elevado, mas não tivemos tempo de argumentar; quando vimos o negócio estava fechado... Meu colega não parecia preocupado e eu não discuti, sem imaginar as consequências. Agora, cinco dias depois, ali estávamos os dois, sem poder reclamar, já que as condições tinham sido aceitas.

Nesse momento, me senti "migrante", vivenciando a vulnerabilidade dos latinos, em um país estrangeiro, desconhecendo os códigos vigentes e percebendo a própria impotência, em uma situação de hostilidade e exploração. Vivi na pele o que vínhamos

---

[3] "US$ 1.056,00 dólares, é o que vocês têm que pagar" (Tradução da autora).

discutindo intelectualmente, na pesquisa sobre migração e me descobri parcialmente identificada com meu objeto de análise...

Mas apenas parcialmente. Porque não estávamos desprotegidos: veio conosco Antônio, um professor da Universidade da Florida, que, além do cargo que ocupava, falava um inglês perfeito. Conversando com a gerente, explicou, diplomaticamente, que pagaríamos o devido, mas que se sentia *disappointed* com a irresponsabilidade da funcionária da empresa, que nos cobrara acessórios inúteis, sem incluir o desconto ao qual tínhamos direito.

A gerente também era afro-americana, e senti uma dureza cortante em seus olhos estranhamente azuis, com um brilho de aço, (graças a lentes coloridas, me explicaram depois.) Nós dois ouvíamos em silêncio.

De repente alguém se colocou ao meu lado: era outra mulher negra, vestida de negro da cabeça aos pés, inclusive com luvas negras. Olhei-a de soslaio, e percebi algo ameaçador; na hora, me deu pavor: tive realmente a sensação do Mal. (Foi uma reação instintiva, nem me questionei se seria ou não preconceituosa). E não por casualidade: era a polícia, que inclusive costuma usar *taser* – uma arma que provoca choques elétricos – e que pode prender qualquer um, à menor palavra ou gesto, já que os problemas, na área do aeroporto, são considerados delito federal. Eu não sabia nada disso, mas senti sua energia negativa.

Felizmente, pouco depois, a gerente a dispensou. Seguiu argumentando com Antônio, que mantinha a calma e a diplomacia. E pouco a pouco a dureza da mulher foi se esfumando. Começou a fazer cálculos em sua máquina e finalmente – alívio! – propôs uma redução de 50%, ou seja, uma diferença de US$ 500,00! Mal podíamos acreditar. *"We really appreciate your comprehension"*,[4] disse-lhe Antônio.

---

[4] "Agradecemos de coração sua compreensão" (Tradução da autora).

Saímos impactados. Estávamos trabalhando justamente a temática das relações inter-étnicas, no contexto migratório e esse exemplo nos ajudou a repensar sua complexidade. Aqui, as pessoas que ocupavam posições de poder eram mulheres e afro-americanas; mas, por outro lado, a presença de um homem branco, professor de uma universidade americana, foi um fator decisivo, para superar o problema.

E sua intervenção foi "salvadora", já que, pela sua nacionalidade, vinha justamente de El Salvador...

Atlanta, 2010

Turquia: uma experiência fascinante

A viagem à Turquia foi única: à originalidade de um país tão diferente se somou a energia vital dos amigos, possibilitando uma curtição coletiva – com um toque brasileiro – tornando a experiência fascinante!

Para mim, o essencial, em toda a trajetória, foi a busca/ encontro permanente da beleza, sob os mais diversos aspectos.

Já na chegada, nos impactou a beleza do aspecto geográfico do país, desde as estepes amplas e verdes da Anatólia, cercadas, ao fundo, por montanhas, até as formações exóticas da Capadócia – as "chaminés de fada" que quase tocavam nosso balão! – passando pelas infinitas nuances de azul e branco, permanentemente criadas e re-criadas em Pamukkale; e sem esquecer o desenho original de Istambul, entre o Bósforo e o Chifre de Ouro.

Mas descobrimos também a beleza, nas marcas que a História foi deixando, ao longo do tempo, desde as ruínas que remontam ao início da nossa civilização, em Çatalhöyük, a cidade mais antiga que se conhece, de 6.000 anos a.C., passando pela civilização hitita – as primeiras imagens da Mãe/Deusa – e pela riqueza da cultura greco-romana, para chegar ao fausto do Império Otomano: o palácio de Topkapi, rodeado de jardins e terraços, trazendo a presença de sultões magníficos, com suas concubinas e janízaros...

A beleza é ainda uma característica dos monumentos e da originalidade de suas decorações, a ausência do figurativo levando à extrema criatividade de formas e cores, que explodem na maravilha dos azulejos – os tons turquesa! – e na originalidade das caligrafias;

Também descobrimos a beleza da dimensão religiosa, que marca tão fortemente o país, guardando a presença do início do cristianismo: a simplicidade e o encanto da casa da Virgem Maria, em Éfeso, os lugares por onde andaram os discípulos – particularmente Paulo – e onde aconteceram os primeiros Concílios; e, no século IV, o reconhecimento da Igreja, com Constantino, para chegar mais tarde ao Cisma do Oriente. Hoje, a permanência do Patriarcado Ortodoxo, no Phanar – bairro pobre de Istambul – guarda um sinal dessa presença.

Mas atualmente é a força do Islã que se impõe: a cúpula mussulmana sobrepujando os muros românicos da igreja de S. Jorge em Chora é uma imagem significativa. As mesquitas com seus minaretes pontilham todo o país – sua presença iluminando até as menores aldeias – e o canto dos *"muezzims"*, que se ouve em toda parte, chama permanentemente à oração. Por mais que uma nota de rigidez marque as expressões mussulmanas, que a imutabilidade da *"sharia"* se oponha à tendência histórica de transformação e que o patriarcalismo se manifeste nos diversos tipos de véu – sobretudo o das mulheres de negro, onde só os olhos ficam visíveis, numa quase-burka – a presença religiosa intensa chama a atenção, marcando o cotidiano.

A beleza se revela ainda no processo de modernização que o país vem vivendo desde Atatürk, enfatizando o aspecto republicano e laico, que se afirma fortemente, sobretudo nas grandes cidades, impedindo – esperemos! – uma radicalização fundamentalista. Observar as manifestações na Praça Taksim – incluindo um minoritário mas vibrante Partido Comunista, atraindo os jovens – mostra uma sociedade em movimento.

Mas talvez a dimensão mais bela seja a da mística – que ultrapassa o aspecto religioso/institucional – para buscar o encontro direto com o Transcendente: o êxtase dos Dervixes, na sua leveza, transmite a sensação de uma espiritualidade que impregna totalmente os corpos que rodopiam, com as cabeças levemente inclinadas, as vestes amplas – como flores brancas – ondulando ao ritmo da música.

E em todos estes sinais concretos, fui descobrindo, ao longo da viagem, a expressão viva e radiante da Beleza original – essência/fonte – revelando-se (nem tão) sutilmente...

Istambul, 2011

Autonomia: um desafio

– *"Você ainda está dirigindo?"* perguntou minha amiga, ao me ver sentada ao volante do Voyage cinza, afivelando o cinto.

– *"Claro! Tomo todos os cuidados, vou devagarzinho, mas me sinto segura ao dirigir."*

– *"Mas não será um exagero, na sua idade, com reflexos mais lentos, a visão reduzida, os problemas de audição..."*

– *"Tenho que ir, ciau, ciau!"*, dei o arranque, interrompendo-a, antes mesmo que terminasse de desfiar o rosário das inevitáveis limitações. Porque é óbvio que estas são crescentes. E em algum momento, não muito longínquo – *hélas!* – vou ter que tomar a decisão de interromper. Mas será que já chegou a hora?

Essa interrogação ficou martelando minha cabeça, tratando de pesar os prós e os contras. E percebendo que a opção tem que ser feita a cada momento. É aí que se coloca o desafio da autonomia, entendida como capacidade do ser humano de se dirigir por sua própria vontade.

Esse conceito é fundamental para nós, homens e mulheres *seniors*. Porque não se trata de algo fixo, dado de uma vez por todas, mas de uma dimensão que se afirma, ao longo da vida, entre riscos e interrogações: a perda da autonomia começa a ser, então, uma hipótese real, que, na última etapa, pode se esfumar.

Essa questão se torna um critério mais relevante do que o meramente cronológico: situações idênticas, em termos de idade, tornam-se completamente diferentes, quando entra em jogo a questão da autonomia. Sua perda pode – ou não – concretizar-se, de maneira parcial ou total, dependendo de como se dá o nosso próprio processo de envelhecer.

Porque o exercício da autonomia é condicionado tanto pelas estruturas sociais, nas quais nos encontramos inseridos, quanto por nossas condições pessoais – saúde física e mental, vontade, disposição – e coloca-se justamente nessa dialética entre o espaço disponível e a forma como aí conseguimos atuar, entre o dado e a conquista. Não há uma receita fixa.

Por isto mesmo, há que estar sumamente atentos para distinguir o que é uma limitação inelutável, que somos forçados a aceitar, de outras que não precisam ser assumidas "antes da hora ...".

Aqui a distinção pode ser sutil. E a cada momento as opções precisam ser refeitas, à medida em que algumas alternativas se fecham, mas também – felizmente! – novos espaços se abrem.

Em um contexto de transformações, como o da atual realidade brasileira, tal processo adquire cores novas e inesperadas: vivemos uma experiência diferente das gerações anteriores, e em vários aspectos, pode-se pensar que, para os que fazem hoje a travessia do envelhecer, a *autonomia possível* – parafraseando Lucien Goldmann – pode se ampliar.

O rápido aumento da população idosa, – cerca de 13% da população – com uma disponibilidade maior de tempo, no caso do término da atividade profissional, abre possibilidades de desenvolver a criatividade e, ao mesmo tempo, exercitar a autodisciplina para transformar tal disponibilidade em "ócio criativo".

Por sua vez, os novos desenhos das relações familiares podem significar um espaço de maior liberdade para os mais velhos. No campo sociocultural, um leque de atividades se oferece, particularmente no campo da comunicação, em que a Internet assume especial relevância, representando uma possibilidade inédita de abertura para o mundo.

Entretanto não há que idealizar; dificuldades próprias dessa fase – que vão desde as limitações físicas até as emocionais, permeadas por todo tipo de perdas – também vão se colocando ao longo do percurso, transformando a dimensão da autonomia em um desafio permanente. Nesse contexto, cabe a cada um e a cada uma de nós ir desenhando, dentro dos parâmetros de cada situação específica, nosso próprio itinerário, assumindo o volante da vida...

Rio de Janeiro, 2011

Dançando a liberdade

Nada mais que de repente, me encontrei, em plena reunião – numa cidadezinha do interior da Paraíba, onde fui participar de um seminário – totalmente absorvida pela vista das palmeiras, ao fundo do galpão da universidade.

Era uma dança de galhos e folhas, desenhando curvas no espaço, traçando figuras inesperadas, indo e vindo ao sabor do vento, concretizando a Beleza... Cintilando ao sol, os tons de verde se multiplicavam. E realçavam a diferença, em contraste com dois ou três ramos já secos que, desbotados e sem cor, inclinavam-se para o chão, na previsão, talvez, da queda iminente. Longe de destoar, entretanto, compunham um quadro inesperado, onde a diversidade fecundava o conjunto.

Porque eram justamente os galhos secos os mais soltos e leves. Ao sentir cada vez mais precária sua união com o tronco, ganhavam uma surpreendente amplidão de movimentos e dançavam loucamente, sem medo de cair, ultrapassando os verdes, ainda firmemente agarrados ao seu eixo. Já não precisavam obedecer às regras estabelecidas, nem integrar-se à estrutura da palmeira. Já tinham realizado sua travessia e, a qualquer momento, poderiam se despegar. E por isso mesmo podiam, na sua dança, desenhar a liberdade...

Como não perceber aí a fecundidade do tempo do envelhecer? Porque só depois de reconhecer a riqueza das experiências já vividas – mesmo que estas não tenham esgotado toda a sua potencialidade – é que uma atitude de desapego autentico consegue ultrapassá-las; e, ao despojar-se de seus vínculos, vislumbrar novos – e misteriosos – horizontes.

Então já não existe mais um caminho pré-estabelecido e nem mesmo um padrão a demarcar limites. Mas simplesmente a coragem de se arriscar, sem lenço e sem documento, na fidelidade ao essencial e na liberdade de aprofundar o encontro consigo mesma. *"Caminante, no hay camino, se hace camino al andar."* E nessa busca, na última etapa da vida, descobrir pistas que podem iluminar os que iniciam a caminhada.

Nessa perspectiva, alguns de nossos grandes velhos são exemplares. Assim Stéphane Hessel, ao publicar, do alto dos seus 93 anos, seu livro manifesto *"Indignez-vous"* (2010), representou um estímulo importante para os jovens, fecundando os movimentos que surgiram a partir de 2011, na Europa – particularmente na Espanha – em plena crise.

Na Itália, o Cardeal Carlo Maria Martini, pouco antes de partir, rompia as fronteiras rígidas de sua instituição – *" A igreja ficou duzentos anos para trás"* – para abordar temas como a posição da mulher na sociedade e no contexto eclesial, as segundas uniões, a sexualidade. E não se limitou apenas ao discurso, mas pôs em prática o que dizia, ao criticar a "obstinação terapêutica": nos seus últimos dias, já não conseguindo mais engolir, recusou a inserção de uma sonda nasogástrica.

Mais perto de nós, no Brasil, D. Clemente Isnard publicou, com 91 anos, um opúsculo iluminador: *"Reflexões de um bispo sobre as instituições eclesiásticas atuais"* (2008), abordando temas como eleição – e não mera nomeação – de bispos, celibato sacerdotal e ordenação de mulheres.

No caso desses dois bispos, o fato de ocupar postos de poder em uma instituição tão rígida quanto a Igreja Católica pode ter representado, em sua experiência anterior, um limite às suas possibilidades de expressar os próprios pensamentos. Mas longe de debilitar sua coragem, isto apenas a realçou, para que, no final da vida, os dois tenham conseguido elaborar um discurso marcado pela liberdade.

Tal elaboração não se improvisa de qualquer forma: exige abertura, esforço, competência. Nem todos conseguem efetivamente aproveitar as oportunidades que surgem. É preciso saber fazê-lo e estar preparados para, quando chegar o momento, poder – quais galhos secos – dançar livremente...

Bananeiras, 2012

A *vivência do envelhecer*

... e mais uma vez, nos reunimos, as cinco amigas, para trocar ideias e experiências sobre nossas formas e jeitos de ir vivendo o envelhecer. Partimos de nossa situação concreta – mulheres de classe média urbana, na faixa dos 70, com experiência profissional e um passado de militância ativa, vivendo no Rio de Janeiro. E constatamos que somos privilegiadas, não só pela situação socioeconômica, mas também pela consciência e o engajamento político – a vontade permanente de continuar, de uma forma ou de outra, participando do processo de transformação social – e ainda pela constante preocupação com a dimensão cultural, o fascínio pela arte, pela literatura, pelo cinema. E pela capacidade de curtir a vida...

Por outro lado, reconhecemos também que somos a primeira geração a enfrentar a velhice a partir de novos padrões: somos uma geração pós-pílula, ou na fronteira, entre usá-la ou não; que viveu a revolução sexual, pelo menos intelectualmente, quando não na prática concreta; que pôde se beneficiar de novas descobertas, em termos de cuidados médicos – reposição hormonal e quejandas – e, *"last but not least"*, que teve acesso à informática e a toda a revolução que isto significa, em termos de comunicação e informação. Nisso continuamos sendo uma geração pioneira, protagonista do próprio envelhecer.

Mas apesar disso tudo, continuamos inquietas, buscando, sempre. *"O correr da vida enrola tudo: acalma, depois desinquieta..."*.

Porque nem todas conseguimos absorver totalmente as perdas e reconciliar-nos com o fato de não termos feito tudo o que queríamos e que hoje já não temos condições de fazer. Os exemplos foram brotando: gostaríamos de ter tido uma vida intelectual mais rica e diversificada, de ter tido um engajamento político mais direto, ou até mesmo de ter transado com todos os homens que desejamos...

Ao mesmo tempo, o fato de sermos uma geração pioneira, deixa-nos, às vezes, inseguras, ao enfrentar hoje as mudanças que nos atingem existencialmente.

Talvez um dos maiores desafios seja a inserção profissional e as formas de vivê-la hoje. Porque este foi para nós o grande eixo de libertação e não nos conformamos com a ideia de simplesmente deixá-lo de lado; mas percebemos que o contexto mudou: não podemos – e nem queremos – seguir da mesma maneira.

É verdade que continuamos, de uma forma ou de outra, ligadas profissionalmente, algumas inclusive atuando concretamente em sua área, embora com um ritmo mais lento; mas a maioria perdeu o link institucional e é impressionante como isso nos coloca, de certa forma, em uma situação "marginal". Até porque a turma nova está chegando, com outra cabeça, com maior competência técnica, mais atualizada, mais conectada e – obviamente! – com mais energia: e aí não há como competir.

Se queremos continuar ativas profissionalmente, há que descobrir novos caminhos, novas formas. Isto significa não só trabalhar nossas perdas e limitações, mas sobretudo identificar claramente nossos espaços reais de atuação e por onde podemos caminhar, tanto no plano individual como enquanto grupo de troca e reflexão.

Textos e livros nos ajudam. E começamos discutindo uma instigante fala da Jane Fonda, que alguém descobriu. Na sua perspectiva, a metáfora – tradicionalmente usada para indicar as etapas da vida – seria a curva normal, ascendente no início e descendente, depois do platô intermediário da maturidade, para a inexorável decrepitude (sic!). Fonda prefere, entretanto, a imagem da escada, baseada no fato de que o único elemento que consegue escapar da lei universal da entropia – a segunda lei da termodinâmica – é o espírito humano, que pode sempre se aperfeiçoar.

Do meu ponto de vista, nenhuma das duas metáforas, isoladamente, consegue dar conta da complexidade da realidade, sempre em contínua mutação e permeada por contradições.

Para mim, a imagem mais adequada seria a de duas linhas que se cruzam e se interpenetram: a primeira se aproximaria efetivamente da curva normal, ascendente no início para depois decair, refletindo um processo corporal que, na sua etapa final, sempre implica, em maior ou menor grau, uma tendência degenerativa. Já a segunda linha, constantemente ascendente, expressaria a permanente possibilidade de crescimento do espírito humano. Para complicar um pouco mais a imagem, nenhuma das duas linhas indicaria um processo inevitavelmente linear: há sempre avanços e recuos, expressando nossa resiliência e nossa permanente capacidade de recuperação.

É claro que metáforas, por definição, não pretendem esgotar o real. Mas talvez essa imagem que articula as duas linhas nos ajude a compreender melhor a complexidade e a dinâmica do envelhecer. E a descobrir a importância de um permanente desenvolvimento do espírito, no seu sentido amplo. Em tempos de primavera árabe:

Inshallah!

Rio de Janeiro, 2012

Vovó Dindinha

Vovó Dindinha era assim chamada, porque foi madrinha de batismo de vários netos – entre os quais me incluo – de acordo com a tradição da época.

Lembro-me bem dela, já viúva, na antiga mansão que ficava na Av. Rio Branco, de frente para a catedral, em pleno centro de Juiz de Fora. Na minha infância, – desde que me entendo por gente até os 9 anos – a casa da Vovó era o passeio diário, a pé ou de bicicleta. O velho solar tinha um imenso terreno, com um jardim do lado; ao fundo ficavam o pomar, a horta e o campo de esportes. Esse era nosso espaço de jogos e brincadeiras, onde junto com irmãos e primos, vivi uma infância dourada, protegida de preocupações. O contato com o mundo externo era mínimo: tínhamos uma professora particular, que nos dava aulas em casa; brincadeiras e jogos, estudos e leitura, piano e violão – não havia TV e menos ainda internet – preenchiam a vida. E nesse mundo Vovó Dindinha ocupava um lugar especial: era a própria doçura, com um sorriso afetuoso e tranquilo, expressando o carinho com o qual cuidava de cada um de nós.

Uma imagem me ficou gravada; uma noite fui dormir em sua casa e estando já deitada, no quarto dela, percebi que, sentada em frente ao espelho, soltava os longos cabelos, antes de dormir. Isso me impressionou, porque nunca a tinha visto com o cabelo solto: usava o coque tradicional, além de se vestir sempre de preto: era a clássica imagem da viúva da época.

Com o olhar de hoje, pergunto-me se essa imagem não expressava também o recato – para não dizer a rígida repressão moral – que marcou a vida das mulheres católicas de então. Lembro de sua expressão quase escandalizada – embora junto deixasse escapar um ar meio maroto – diante das "modernidades" que não conseguia aceitar; para ela, por exemplo, a simples palavra "namorado" era considerada "feia", no limite da obscenidade...

Mas o que a caracterizava era a alegria, a ternura e o sorriso sempre. Além disso me impressionava sua dedicação aos mais necessitados. A escada, que havia nos fundos da casa, ficava repleta, em certos dias da semana, quando os recebia, à esmola material somando-se sempre uma palavrinha de apoio. Era conhecida como "mãe dos pobres".

Depois que todos os filhos se casaram, já viúva, decidiu entrar para o convento. Para meus 9 anos, foi uma surpresa totalmente inesperada; mas, evidentemente, fui preparada para aceitá-la como algo digno da maior admiração. Além disso, tal decisão estava em perfeita continuidade com um projeto de vida profundamente marcado pela dimensão religiosa. Apesar disso, toda a família, naturalmente, sentiu profundamente a separação. E certamente para Vovó também essa decisão não foi nada fácil. Quando íamos visitá-la, nos primeiros tempos, em São Paulo, a falta que sentia da família era um tema recorrente: *"as cruciantes e torturantes saudades foram e serão, ad aeterno, a pura essência do meu sacrifício, da minha oblação"*. Entretanto não se cansava de reafirmar, ao mesmo tempo, a profunda alegria por ter tomado essa decisão.

Há um tempo, relendo seus escritos, me impressionou a profundidade de sua vida interior. Vivia intensamente sua fé e sua doação a Deus. *"Devemos mesmo procurar viver só o momento presente [...]. E quanta tranquilidade e paz sentimos, se unimos este proceder ao abandono filial nas mãos de Deus!"*. Era uma vocação autêntica. *"Tudo depende do amor, o amor é que purifica. Jesus, quero fazer tudo que puder para conseguir vos pertencer totalmente!"*.

Viveu como Serva do Santíssimo Sacramento a última parte da vida. Sua expressão sempre irradiou a ternura e a paz de quem conseguiu, apesar das dificuldades, responder a um apelo profundo e autêntico, certa de que *"escolheu a melhor parte"*.

Rio de Janeiro, 2012

O outro lado do rio

Atravessei para o outro lado do rio, o reino das sombras, das precariedades.

Aconteceu nada mais que de repente, sem ter nem ao menos o tempo de reconhecer o que estava sucedendo. Um tombo de mau jeito me esfacelou o cotovelo. *Abril despedaçado* (me identifiquei na hora com o nome do filme, embora não com seu conteúdo mais sinistro...).

E quando vi, já tinha acontecido. Levei um bom tempo para acreditar: tinha a sensação (in)consciente de que era só um pesadelo e que, quando acordasse, tudo estaria bem de novo. Mas, pelo contrário, <u>não</u> estava bem. E pior: não havia volta possível. A única alternativa era seguir em frente...

É verdade – hoje reconheço – que a viagem não foi tão longa; não cheguei a explorar os recantos mais obscuros e menos ainda a ultrapassar a linha que demarca a impossibilidade do retorno.

Descobri paisagens inesperadas nessa terra de sombras e, no meio delas, clareiras iluminadas. Longe de ser um panorama uniforme e cinzento, também do lado de lá há contrastes, surpresas agradáveis ao lado de sustos e despenhadeiros sem fim.

Não foi, naturalmente, uma alternativa espontaneamente escolhida – ninguém escolhe o lado das sombras – mas esta simplesmente acontece: acolhê-la faz parte da vida. E aí tudo o que havia a fazer era seguir um caminho pré-determinado pelas condições físicas e pela consequente resposta médica – embora nem sempre tão proporcional. Porque embora estivesse em uma situação privilegiada, com acesso à melhor assistência – e sempre superapoiada por meu companheiro, pelos amigos, pela família, por minha fiel e constante secretária – os percalços são inevitáveis.

A primeira questão – que é também a última, porque, permanente, permeia todo o processo – foi o tempo. Tempo de espera (de marcar exames e cirurgia, e de conseguir o *"placeat"* do seguro) mas também tempo de recuperação, tanto física quanto emocional, jamais previamente delimitado, sujeito a tantos fatores.

Depois, a experiência da perda da autonomia, da mobilidade, da liberdade de ir e vir, de prover suas necessidades, e, no limite, a perda até mesmo da própria consciência, na hora da anestesia. Junto, a questão da dor física: os incômodos, a incapacidade de fazer – ou querer – qualquer coisa, enquanto a dor não cessa, a dificuldade até para conciliar o sono.

E obviamente a dor emocional, as faltas, as carências, as necessidades nem sempre satisfeitas.

O fantástico, entretanto, foi descobrir, ao mesmo tempo, a força para enfrentar tudo isso. A partir de uma atitude de real aceitação da caminhada que há que fazer, do que nos toca nesse momento. Encontrar-se consigo mesma, com suas limitações, mas também com sua energia vital, com sua capacidade de superação. Em certos momentos, o inevitável isolamento se transformava na maravilhosa possibilidade do silêncio e da paz. E na certeza do encontro com uma Presença que, embora misteriosa, estava ali. Até porque não havia condições de escapar... Esses momentos iluminavam a caminhada, numa busca permanente.

E certamente ajudavam também a descobrir as presenças concretas, os apoios de todo tipo, maiores ou menores, o carinho permeando tudo. E o sentir-se profundamente ligada a cada um e a cada uma, na densidade da mesma condição humana.

A cada momento me via agradecendo por poder ter toda esta assistência, pensando constantemente em tantos e tantas que não têm os mesmos recursos. De alguma forma, gostaria de contribuir mais eficazmente para mudar o quadro da saúde, no Brasil. (Essa preocupação segue me acompanhando, há décadas, a partir do acidente da minha filha, embora nem sempre consiga ver claramente o que fazer...).

Mas no meu caso, depois de voltar para o lado de cá do rio, creio que a lembrança mais profunda que me ficou de toda a experiência foi a de uma viagem nem sempre fácil e de um processo de amadurecimento rico e exigente. Mas que fez com que me sentisse, em um nível mais profundo, autenticamente feliz...

Rio de Janeiro, 2012

Fragmentos de viagem

Entre Brasil e Letônia, parar em Paris, respirar o ar da Europa, e comprar, na pequena livraria do Charles de Gaulle, o único livro russo que encontrei, narrando a história instigante de um personagem da atualidade deste país.

Ir almoçar, no nosso primeiro dia em Riga, no "Mediterrâneo" – um restaurante gostosíssimo – e nos deliciarmos com o sabor típico da Letônia.

Descobrir os edifícios *art nouveau* e *art déco*, tão característicos de algumas ruas da cidade.

Emocionar-se com a beleza dos cânticos e a perfeição do coral, em uma cerimônia da igreja ortodoxa, que descobrimos, por acaso, no meio de um parque.

Tomar um vinho dos Urais, com "tapas" espanholas, no último andar do hotel, com uma vista deslumbrante da cidade, colorida pelo pôr do sol.

Deparar-se com os extensos pinheirais – o legítimo pinho de Riga! – que cobrem boa parte do país, andando pelos campos, nos arredores da cidade.

Na cova Gutmann – onde um velho, de barbas longas, tocava sax – ajoelhar-se e beber da fonte da juventude.

Imaginar os cavaleiros teutônicos entrando em seu castelo, depois da batalha, e contemplando, do alto, montanhas e florestas que se estendiam a perder de vista.

Caminhar pelo centro histórico de Riga, entre ruelas, que deixavam entrever a torre altíssima da igreja de S. Paulo.

Atravessar a fronteira Letônia / Estônia, e almoçar em uma lanchonete sem graça nenhuma.

Caminhar pela praia deserta de Parnu, na costa do Mar Báltico, varrida por um vento gélido.

Acompanhar os detalhes dos telhados de Tallin, no ritmo de um "riquixá", que tivemos a sorte de descobrir – já exaustos! – para voltar ao hotel, depois de uma longa caminhada pelo centro antigo da cidade.

No convés do cruzeiro noturno pelo Báltico, enregelados pelos ventos do norte, contemplar a cidade que ia se afastando e lentamente submergindo em uma densa névoa.

Surpreender-se com os diversos tons de cinza – típica cor dos tempos soviéticos – que recobriam o cais de S. Petersburgo.

Deslumbrar-se com a vista do Hermitage, ao longo do Neva.

Decifrar, na hora do café da manhã, o título que indicava um prato de abacaxi e conseguir ler minha primeira palavra em cirílico: AHAHAC.

Repetir, como um mantra, a única palavra que consegui registrar, em russo: *spacybo*.

Moscou, 2013

Em busca da beleza, ainda que fugaz...

Abriram, há pouco, um novo salão de beleza no meu bairro e descobri-lo foi uma surpresa gostosa: ambiente hipermoderno, com uma decoração *"clean"*, em tons claros; ao fundo, portas de vidro abrindo-se para um pequeno pátio interno, cercado de plantas, deixavam passar a luz do sol.

Estava vivendo uma etapa difícil: meu companheiro, com um problema de saúde sério, tinha ficado, nesse dia, em uma clínica próxima, para a primeira sessão de quimioterapia. Não podendo acompanhá-lo, tudo o que precisava, enquanto esperava, era um ambiente assim, claro, tranquilo, belo.

Os funcionários e funcionárias, atenciosos e bem-educados, vestiam todos as mesmas camisas brancas com uma faixa negra, distinguindo-se cabeleireiros e manicures apenas pela cor da calça, branca ou preta. Aparentemente, não se notava entre eles discriminação nem de gênero nem de etnia: havia cabeleireiras claramente mestiças – uma delas chamava a atenção com tons de violeta iluminando o cabelo aneladíssimo – e, para minha surpresa, descobri não só cabeleireiros, mas também um(?) manicure homem.

Nesse ambiente sofisticado, chamou-me a atenção a atitude de uma figura que, cada vez que um corte de cabelo chegava ao fim, precipitava-se para recolher os fios cortados, recuperando imediatamente a limpeza imaculada do assoalho claro. Era a limpadora, que – todo de preto, como suas companheiras de função – deslizava pelo salão, silenciosa e eficaz, executando sua tarefa.

Seu trabalho, aparentemente secundário e marginal – em comparação com as verdadeiras obras de arte que os cabeleireiros realizavam nas cabeças de suas clientes – era, na realidade, fundamental e imprescindível, para preservar a ordem e a beleza do local.

Fiquei imaginando como seria visto pelos outros profissionais e funcionários. E pelas mulheres que frequentam os salões, na permanente busca da beleza, ainda que efêmera. Mas fiquei pensando, sobretudo na própria limpadora: como ela mesma consideraria sua tarefa? Que significado teria, no contexto de uma vida, certamente marcada por dificuldades? Não consegui saber nada dela: não nos falamos, nem ao menos trocamos olhares. Mas vivendo interiormente um momento difícil, me senti profundamente solidária.

E não pude evitar, na hora, a comparação entre a forma como a sociedade atual hierarquiza, valorizando diferencialmente, os diversos tipos de atividade – claramente expressa na imagem do salão e de seu funcionamento – e, por outro lado, a perspectiva autenticamente humana e cristã que atribui a todo e qualquer trabalho um valor intrínseco. O que me veio à mente foi o poema – já tão antigo, mas plenamente atual – de D. Marcos Barbosa:

"varredor que varres a rua, tu varres o reino de Deus."

Rio de Janeiro, 2013

"To be or not to be?"

Outro dia, fiz a experiência de alterar meus padrões cotidianos: nada de muito significativo, apenas uma pequena mudança de comportamento, dentro de um contexto já normalmente estabelecido. E nem ao menos foi uma alteração voluntária, consciente, com o intento explícito de mudar: simplesmente fui levada a isto, a partir de um conjunto de circunstâncias que se apresentaram no momento.

O fato foi o seguinte: andava procurando um vestidinho de verão, algo simples, para toda hora; o requisito básico era que fosse fresco – de preferência de algodão – gostoso e cômodo de usar. Mas queria também que tivesse o comprimento um pouco mais longo, abaixo do joelho. Com isso, a situação começou a se complicar: só encontrava vestidos curtíssimos, conforme os parâmetros atuais, submissos à ditadura de uma "moda jovem". E na busca infrutífera por conseguir algo que se adequasse à minha geração, minha reduzida energia começava a se esgotar.

Foi então que, diante do dilema – *"to be or not to be?"* – acabei resolvendo abrir mão desta última condição, praticamente impossível de cumprir, e comprei o vestido, embora curtíssimo... Além disso, como tinha custado tanto para chegar a essa opção – posto que estes processos são sempre um teste avassalador para minha indecisão crônica – pensei: porque não aproveitar e já comprar dois? Já que a primeira decisão parecia abrir uma janela em padrões internos já estabelecidos, resolvi aproveitar o embalo e dar mais um passo, abrindo também uma segunda; ou seja, comprar dois vestidos ao mesmo tempo, infringindo mais uma norma há muito seguida por mim: comprar apenas um de cada vez.

Nessa altura, não pensei muito e fui em frente: saí da loja feliz com o resultado, sentindo-me capaz de usar minha liberdade, ainda que fosse em questões tão pequenas, mas que traziam à tona velhos resquícios de uma educação tradicional, repressora, com laivos de puritanismo...

Entretanto as consequências não se fizeram esperar: não conseguia me sentir totalmente à vontade com esse tipo de roupa. É verdade que os vestidinhos são supercômodos, frescos, fáceis de usar; aliás, foram justamente esses argumentos que me levaram à decisão da compra. Mas junto veio um leve mal-estar, a sensação de estar *"underdressed"*, de ficar com cara de garotinha fora do lugar; afinal, sou uma pesquisadora sênior, nos meus *"late seventies"* (é tão mais fácil se assumir idosa em inglês, sem o inevitável peso do preconceito que macula a palavra em português...).

Nesse contexto, comecei a me perguntar até que ponto é realmente importante mudar. Ou se na eterna dicotomia entre mudanças e permanências há que optar necessariamente pela primeira.

Minha resposta racional, naquele momento, parecia apontar para o lado da permanência (embora na prática, tenha optado pelo polo oposto – armadilhas do inconsciente?). Porque, em certos momentos de maiores atribulações, quando a cabeça anda a mil, dispersa e fragmentada com as dificuldades da vida, ter uma rotina fixa, bem definida, pode significar a certeza de ter parâmetros sólidos nos quais se apoiar, para recuperar a tranquilidade. Ao mesmo tempo, sei perfeitamente que o simples fato de mudar rotinas não garante necessariamente um resultado melhor: às vezes o tiro pode sair pela culatra. E nesses casos, a gente tem mais que reconhecer o equívoco e assumir que fez a escolha, se não errada, pelo menos inadequada em certos aspectos.

Ao mesmo tempo, ter consciência dessa possibilidade e saber que isto pode acontecer não deve, de forma alguma, nos impedir de mudar. Porque talvez o mais importante, no momento da escolha, não é tanto o resultado que se obtém – que tanto pode ser melhor quanto pior – mas sim o fato de poder vivenciar a liberdade: o importante é manter a flexibilidade e estimular a criatividade diante de alternativas diversas, para conseguir avaliar, entre prós e contras, qual será a que melhor responde ao nosso desejo profundo. Isto supõe, naturalmente, não só conhecê-lo, como assumi-lo dentro de uma perspectiva ética – o que pode significar, inclusive, conscientemente negá-lo, em função de um bem maior.

E aí percebo também que minha primeira reação antimudança poderia significar algo mais complicado, levantando um inevitável questionamento: será que não estou me tornando uma velhinha rígida e inflexível? Diante dessa última ameaça, acabei chegando a uma conclusão prática: usar meus vestidinhos de verão – mesmo com o risco de parecer meio fora dos padrões – e curtir a liberdade de me vestir como quero...

Rio de Janeiro, 2013

A eleição do Papa: um olhar feminino

O Vaticano está em festa e ostenta toda a sua pompa. Cardeais, com o luxo de seus trajes púrpuro-renascentistas, desfilam lentamente, atravessando a Praça de S. Pedro: são homens idosos e celibatários e é em suas mãos que se concentra o poder eclesial. São aplaudidos frenética e entusiasticamente pela multidão que aí se encontra e na qual as mulheres, certamente, são maioria.

É essa a primeira imagem que, para mim, sintetiza o fato maior da eleição do novo Papa.

Ao lado desta, outra publicada na mesma ocasião, na imprensa brasileira, reflete, a um nível mais doméstico, o fato global: intitula-se "o lado feminino da Igreja", e mostra duas freirinhas – ainda de hábito! – jogando futebol com as crianças, com uma dimensão lúdica que sugere, imediatamente, uma certa infantilização.

Essas duas imagens, no meio da infindável multiplicidade de publicações, artigos, fotos, filmes e vídeos de todo tipo que a eleição do novo papa provocou, chamaram especialmente minha atenção. Ao mesmo tempo, olhando-as como mulher e como cristã, não posso deixar de sentir um certo mal-estar. Porque visibilizam – e de alguma forma legitimam – a exclusão da mulher da esfera de poder da Igreja Católica.

É evidente que imagens não esgotam uma realidade muito mais complexa e contraditória, mas têm uma força própria para sublinhar características predominantes; nesse caso, reforçam a ideia da subordinação feminina.

Não se pode esquecer, entretanto, que boa parte da população católica é composta por mulheres; e não é por acaso que, nessa Igreja em crise, vem sendo frequentemente repetido que é importante repensar o lugar da mulher.

Mas aqui entra uma questão mais de fundo. Porque não se trata, simplesmente, de exigir uma participação feminina na atual estrutura de poder eclesial, nem mesmo de apenas levantar a temática da ordenação de mulheres. O que é preciso questionar é a própria estrutura hierárquica. Porque esta não é apenas patriarcal: é também uma verdadeira autocracia, em que o poder está concentrado nas mãos de um chefe supremo.

A ideia de um *"pontifex maximus"* – concepção absolutista herdada da Roma dos césares – leva-me a fazer outras associações: os czares da Rússia imperial ou as monarquias absolutas dos séculos XVII e XVIII...

É evidente que uma instituição religiosa não pode se identificar com um estado, ou com um determinado tipo de governo. Nem se reduz a uma organização política. Mas como qualquer grupo social, necessita uma institucionalização que implica na existência de uma estrutura de poder.

No caso da Igreja Católica, sua estrutura institucional veio se construindo por meio dos séculos, marcada por uma dimensão patriarcal. Felizmente, não se trata de uma questão imutável e menos ainda de um dogma: inserida no processo histórico, pode – e deve – transformar-se, para se adequar aos "sinais dos tempos".

Entretanto mudanças estruturais não se fazem da noite para o dia. Tampouco dependem apenas da eleição de um novo papa, seja ele mais conservador ou mais progressista. É claro que este pode jogar um papel inegavelmente relevante.

Mas o fundamental, nesse processo, é a transformação que vem das bases e que aponta para formas colegiadas de exercer o poder. Felizmente, isso começa a se realizar, embora de formas muitas vezes invisíveis, na fragmentação de uma realidade multifacetada.

E é aí que as mulheres vêm ocupando um lugar relevante, como agentes de pastoral, coordenadoras de comunidades, assessoras, participantes de ministérios não ordenados, ou de tantas outras formas, como membros ativos de suas comunidades. Na realidade, reatualizam o papel desempenhado por mulheres nas comunidades cristãs primitivas.

Contemplando a praça de S. Pedro fervilhante, reunindo pessoas de todas as partes do mundo – sinal concreto de uma dimensão universal – fica a esperança de que um novo papado possa representar também o começo de uma nova era na Igreja, marcada pela transformação de sua estrutura, em que todos os seus membros – homens e (sobretudo) mulheres – tenham uma participação mais equitativa e mais democrática.

Amém. Aleluia.

Rio de Janeiro, 2013

"O amor companheiro"[5]

Li, com grande interesse, a história de uma mulher da geração de minha mãe que, como ela, viveu mais de 90 anos, teve sete filhos e dedicou-se totalmente à família, sua preocupação central, vivenciando tanto suas riquezas como suas dificuldades.

É nessa perspectiva dialética que enfoca também seu longo relacionamento com o marido (ele morreu aos 102 anos!). Os dois sempre foram muito unidos e tinham em comum diversos interesses, partilhando o amor pela música, pelas viagens, pelas artes. Isto não impediu que tivessem que enfrentar, ao mesmo tempo, os inevitáveis desafios que uma longa convivência implica. Tinham temperamentos muito diferentes e ela se ressentia da dedicação prioritária do marido ao trabalho, em detrimento, às vezes, de uma maior disponibilidade para a família, como ela desejaria. Entretanto tentando superar os problemas, conseguiram atravessar juntos o percurso da vida, chegando – feito excepcional! – às bodas de diamante. E, no final da trajetória, uma bela surpresa os aguardava: foi justamente nessa etapa que seu relacionamento se aprofundou e que puderam vivenciar a harmonia total da vida a dois.

Nas palavras dela:

> Depois de 60 anos de casados, nosso relacionamento mudou para muito melhor... Tornou-se uma união de todos os minutos, um companheirismo feito de harmonia e ternura como jamais tivemos. Nos últimos 4 anos, eu cuidava dele e ele de mim com o maior carinho... Nesses dias, de mãos dadas, tivemos as mais deliciosas conversas!

---

[5] Tomo de empréstimo o título do instigante livro de Francisco Daudt da Veiga, publicado pela Sextante em 2004.

Esse depoimento chamou minha atenção; porque não é, necessariamente, uma consequência automática do número de anos vividos em comum nem implica apenas uma questão quantitativa: a possibilidade de uma experiência assim acontecer – ou não – depende de diversos fatores, e, nesse sentido, quando se verifica pode ser considerada uma "surpresa".

Ao mesmo tempo, não se pode afirmar que seja algo totalmente inesperado: se ambos os parceiros conseguem manter viva, durante tanto tempo, a chama de uma relação a dois, esta pode se aprofundar com o tempo. E dar, na etapa final, frutos e flores...

Mas para que isso aconteça, há, entretanto, uma condição básica: a relação precisa ser cultivada e aprofundada pelos dois. Não se trata de esperar passivamente que o simples passar do tempo transforme automaticamente sua qualidade; pelo contrário, esta pode facilmente ir perdendo sua vitalidade, submetendo-se a modelos rígidos, externamente estabelecidos ou, na melhor das hipóteses, transformar-se em uma simples e morna convivência, tingida com os tons da acomodação. O risco é tanto maior para as mulheres, secularmente educadas para ser submissas a seus maridos, sem questionamentos ou revoltas explícitas; é evidente que isto não impede níveis profundos e às vezes inconscientes de insatisfação que, nas relações de longa duração, não chegam a explodir mas que podem minar, subterraneamente, suas raízes, que apenas conseguiriam dar flores mirradas e murchas...

Cultivar a relação, pelo contrário, significa assumir como meta a construção cotidiana do amor, com a consciência de que não é um processo fácil: exige esforço tanto de um quanto de outra, mistura dor e alegria, supõe lutas e conquistas, na permanente tensão de criar e recriar um espaço de diálogo que não está dado para sempre. Os desafios se renovam constantemente, diante de circunstâncias mutáveis que vão desenhando, a cada momento, o caleidoscópio da vida. E há que estar vigilantes e cultivar a lucidez, para saber responder a cada uma de suas exigências. Conseguir sustentar, ao longo dos anos, a dialética cotidiana, na difícil tensão entre a afirmação intransigente do próprio espaço e a abertura para a comunhão com o outro, exige, antes de mais nada, uma imensa dose de paciência e uma infindável persistência.

Mas creio que, para os que conseguem acompanhar o compasso da dança da vida, a "surpresa", na última etapa, é uma possibilidade real. Até porque este período acarreta mudanças no estilo de vida que podem favorecer o aprofundamento do "amor companheiro": um ritmo mais tranquilo, menores exigências externas, maiores possibilidades de um cuidado recíproco, que se exercita em todos os momentos.

A isso se soma um outro fator: a consciência mais concreta da finitude. Ao tornar-se uma possibilidade existencial, cada vez mais próxima – especialmente ao enfrentar os desafios da dialética saúde/doença – tal consciência transforma as perspectivas de vida, levando a revalorizar cada minuto e cada ato e a viver intensamente o presente.

Isso significa, ao término de uma longa caminhada a dois, uma redescoberta da cumplicidade, como um dom surpreendente.

É claro, entretanto, que nada está totalmente assegurado: vivemos a incerteza permanente da aventura da vida, em que imprevistos e reviravoltas sempre podem acontecer. E por isto mesmo há que se alegrar e celebrar, quando o "amor companheiro" se aprofunda e se fortalece, ao longo da vida e floresce, com um brilho especial – como um dom que nos é concedido – em sua etapa final.

Isso me faz recordar os versos de Rosémonde Gerard que conservo – mesmo correndo o risco de cair em um certo romantismo século XIX – como uma bela herança, transmitida pela geração de minha mãe.

Lorsque tu seras vieux et que je serai vieille,
Lorsque mes cheveux blonds seront des che-
veux blancs
Au mois de mai, dans le jardin qui s'ensoleille,
Nous irons réchauffer nos vieux membres
tremblants.

Et, comme chaque jour je t'aime davantage,
– Aujourd'hui plus qu'hier et bien moins
que demain –
Qu'importeront alors les rides du visage?
Mon amour se fera plus mûr et plus serein.[6]

Rio de Janeiro, 2014

---

[6] Quando você ficar velho e eu também ficar velha,
Quando meus cabelos louros se tornarem cabelos brancos,
No mês de maio, no jardim ensolarado,
Iremos aquecer nossos membros já trêmulos.
E como cada dia te amo sempre mais
– hoje mais que ontem e bem menos que amanhã –
Que importância terão então, as rugas do rosto?
Meu amor se tornará mais maduro e mais sereno (Tradução da autora).
"Les Pipeaux" – Bibliothèque-Charpentier, Eugène Fasquelle Ed. – Paris, 1923.

O menino, a dama e o professor

O menino gostava de tocar piano. Começou brincando com as teclas, conseguiu que o iniciassem no segredo de sustenidos e bemóis e, quando viu, já estava desbravando as primeiras músicas.

Então, alguém sugeriu que fosse tocar para a dama, que tinha um belo piano Steinway, no antigo casarão. O menino escolheu três peças, executando-as com uma perfeição surpreendente para sua idade. E a dama, com uma sensibilidade musical acurada, percebeu seu valor. Mas não foi apenas isso; a seleção feita por ele – sem que tivesse ideia disso – tinha, para ela, uma história especial: "Pour Elise" tinha embalado sua infância, tocada pela irmã mais velha; "Marcha Turca" despertava lembranças das mais remotas, de um avô sentado ao piano; e o Prelúdio de Chopin trazia a presença de sua mãe. Com tudo isso, a dama não teve dúvidas: percebendo o diamante a ser lapidado, decidiu garantir o futuro musical do menino.

À procura de condições para tanto, conseguiu um excelente professor, que se dispôs a acompanhá-lo. Havia, porém, o problema da distância, já que este morava em outra cidade.

Diante do desafio, os dois se revelaram: o menino assumiu conscienciosamente sua tarefa, estudando horas a fio, diariamente, em casa e viajando para as aulas semanais. O professor, por sua vez, percebendo seu esforço, também demonstrou um interesse especial, dedicando-lhe, cada vez, uma aula dupla e trabalhando para aprimorar o dom inato.

Anos se passaram. O menino é hoje um jovem, na flor dos seus 17 anos. E o professor considera que sua missão está cumprida, com a primeira etapa de estudos finalizada. O jovem agora deverá tomar outros caminhos, para continuar sua formação.

Celebrando esse marco, os dois decidiram homenagear a dama, oferecendo-lhe um belo concerto, na casa do professor.

As peças escolhidas, dessa vez, traziam a assinatura de Beethoven – o Concerto n. 3 – e Lizt; além da beleza, expressavam bem, pela dificuldade e exigências de sua execução, o enorme progresso realizado em todos esses anos de trabalho e dedicação. O professor conseguiu ainda a participação de um segundo pianista, complementando a interpretação da peça principal, escrita para piano e orquestra. E as notas se derramaram no aconchego da sala...

A dama e seus convidados ouviam no maior silêncio. No final, o aplauso foi unânime. E significativo. Porque, na realidade, era muito mais do que um espetáculo musical que se aplaudia. Por trás, havia uma outra harmonia, que foi se construindo em todos esses anos de esforço, trabalho e dedicação, cada um cumprindo, a seu modo e de formas diferenciadas, seu papel. E foi esta harmonia que se revelou na beleza do concerto, ligando

o menino,

a dama

e o professor.

Juiz de Fora, 2014

Palavras que impactam

Duas palavras entraram em moda, no final de 2013, indicando tendências diversas que coexistem na atualidade.

Selfie é a primeira. Trata-se de um neologismo, mas tornou-se a palavra do ano, ao ser incluída no dicionário de Oxford: seu uso cresceu, em 2013, nada menos que 17.000%!

Definida como "foto que alguém tira de si mesmo, em geral com smartphone ou webcam e carrega em uma rede social" ganhou possibilidades de realização, graças à tecnologia atual, que permite virar a câmera para si, fotografar-se e postar a imagem em tempo real.

Na realidade, autorretratos não são uma invenção do mundo digital; já há muito tempo eram feitos, mas de maneiras diversas, normalmente utilizando-se um espelho. Hoje, a tecnologia transformou sua prática: esticar o braço com a câmera na mão – ou usar um "pau de *selfie*" – tornou-se um gesto comum, em qualquer lugar do planeta. E ganhou fama, quando o próprio presidente dos Estados Unidos – na época Barak Obama – em reunião recente, não resistiu à tentação de tirar sua foto, junto a uma bela ministra norueguesa...

Mais grave é a atitude de uma jovem americana que, passeando por um parque, vê um homem que está prestes a jogar-se do alto de um muro: sua primeira reação é pegar o celular e tirar uma *selfie*, aproveitando esse fundo inusitado... Felizmente, passou alguém mais sensato na hora e conseguiu salvar o quase suicida.

Na realidade, os progressos da tecnologia podem ser utilizados – e interpretados – de diversas formas: a *selfie* permite à própria pessoa expressar seu estado de espírito ou comunicar-se com os amigos, em tempo real, mostrando o local em que se encontra. Mas não haverá também, subjacente a esta prática, uma tendência a supervalorizar os interesses individuais, numa dimensão narcisista, tão própria da chamada cultura pós-moderna? Aliás a própria palavra *selfie,* em inglês, está muito próxima de *selfish* / egoísta...

Em uma perspectiva diversa, surgiu também, nestes tempos, outra palavra, como uma bela herança que nos deixou, ao partir, Nelson Mandela. *Ubuntu* é uma expressão da cultura sul-africana que não tem tradução direta, mas indica algo como "eu sou o que sou porque tu és o que és".

Nas palavras do Bispo Desmond Tutu, "eu preciso que você seja tudo o que pode ser, de forma que eu possa ser tudo o que eu posso ser. Minha humanidade está envolvida com sua humanidade". Nesse sentido, o conceito de *Ubuntu* implica solidariedade, cumplicidade, compaixão, generosidade, hospitalidade. E também reconciliação e perdão, valores que fundamentaram a posição de Mandela, no movimento por superar o apartheid na África do Sul, tornando este país uma sociedade multicultural.

O *Ubuntu* constitui um caminho, na relação entre singularidade e alteridade, fundamentando uma ética própria: de acordo com esta, é só por meio do desenvolvimento e do apoio aos outros que somos capazes de realizar uma individualidade verdadeira e nos erguer acima de uma mera diferenciação. Em um sentido profundo, os outros são parte de nós.

Portanto tal conceito implica cuidado e partilha. E sua significação se amplia, na cultura africana, para envolver não só os vivos, mas também os mortos, particularmente os ancestrais, sempre muito presentes.

Entretanto a responsabilidade pelo outro não nega a liberdade e a autonomia: o indivíduo é livre na medida em que está interconectado; sua liberdade é inseparável da busca pela justiça.

A coexistência dessas duas palavras, hoje, expressa bem a complexidade do momento atual, marcado pela diversidade. Conhecê-la e identificá-la, apreendendo suas características é o primeiro passo para ampliar nosso horizonte. O que não significa aceitá-la incondicionalmente: a visão crítica é sempre indispensável...

Rio de Janeiro, 2014

O testemunho de Rose Marie

Há uns quatro anos, fiz uma entrevista com Rose Marie Muraro; estava escrevendo um livro sobre o envelhecer e queria conhecer melhor sua experiência. No ambiente tranquilo e aconchegante do seu apartamento, ela falou de sua vida, com a intensidade que a caracterizava, expressando um fervilhar de ideias e experiências.

Hoje, no momento em que ela nos deixa, gostaria de reproduzir alguns trechos da entrevista, ressaltando aspectos que me tocaram especialmente.

Rose tinha consciência de viver o que ela denominava *uma esquizofrenia: "a cabeça a mil e o corpo, desmontando [...] porque sou duas pessoas; uma é a pessoa física, que foi doente a vida inteira; [...] A outra é a pessoa psíquica".*

A forma de lidar com essa duplicidade foi assumir integralmente sua identidade, única e original: *"vivi de perdas a minha vida inteira, só comecei a ter ganhos quando percebi que eu era uma pessoa completamente diferente de todas as outras e rompi com todas as leis: aí eu comecei a ganhar".*

Casou-se e teve cinco filhos: *"com as crianças eu fui feliz. Tudo dependia de mim. Eu é que produzi minha própria sobrevivência, a dos meus filhos e até a dos meus netos: os que eram pobres eu eduquei. E eles sabiam que eu era uma boa mãe, que eu era mãe integral.*

Hoje, tenho cinco filhos, 12 netos e três bisnetos maravilhosos: é muita gente... E estão sempre perto de mim: uns me oferecem apoio financeiro, outros me oferecem cuidado. Tenho uma bisneta de 6 anos – adoro criança – e converso com ela que é uma beleza!".

Mas se filhos, netos e bisnetos foram uma grande realização, já o casamento não durou muito: separou-se alguns anos depois.

Entretanto não encerrou aí sua vida amorosa. Teve muitos namorados, e talvez a grande paixão tenha sido o companheiro – 40 anos mais novo – que encontrou, já no crepúsculo da vida. *"Essa relação se iniciou quando eu já tinha 70 e tantos anos; [...] senti que ele era diferente. [...] A qualidade do amor era superior: era muito mais uma doação. E só com ele tomei consciência realmente de que ninguém é igual a mim. Aí então consegui entender a minha vida".*

Nessa perspectiva, o envelhecer, para Rose, trouxe muitas vantagens: *foi o tempo melhor da minha vida: as melhores coisas me aconteceram depois dos 70 anos.*

Ao mesmo tempo, na permanente dialética entre perdas e ganhos, aceitar a intensificação das perdas corporais constituiu um desafio imenso: *"fisicamente a velhice é uma – posso falar um palavrão? – é uma bosta. Mas nunca senti realmente isso porque vivo com a cabeça em outras coisas, na construção do futuro: eu sempre estou na ponta do meu tempo. Minha idade real sempre passou despercebida. Mas se eu não fosse velha, não entenderia nada: a realidade humana é muito mais profunda [...]".*

Em vésperas de completar 80 anos, Rose começou a assumir realmente sua realidade de mulher idosa: *"de repente eu me dei conta de que estou à beira de um abismo: você tem que morrer! [...] Acho que estou conseguindo aceitar a finitude. Tomei as rédeas dela nas mãos. Ela não me assusta mais como um monstro. Não se pode negar a realidade, negar pra quê?".*

E essa consciência, na etapa final, levou-a a descobrir novas perspectivas:

"Às vezes me sinto uma mulher em declínio. Mas outras vezes acho que sou eterna. Parece que tenho 15, 20, 30, 50, 60, 80 anos: tudo junto. Porque todos nós temos a semente desta eternidade.

Vivo o dia a dia, seja o que for, passou um dia, eu já fico feliz. Mas eu acho que assumi plenamente a finitude: estou muito curiosa para ver o que há depois da vida...

Se não tiver nada, ótimo, porque eu fiz tudo o que queria.

Se tiver, ótimo também, porque eu fiz tudo o que queria".

Rio de Janeiro, 2014

Três pessoas iluminadas:

Vito Mancuso

Joan Baez

Adélia Prado

Foi, sem dúvida alguma, um dom especial poder encontrar os três, pessoal ou virtualmente, de perto ou de longe, na mesma semana.

Vito veio dar uma palestra no Programa de Estudos Avançados de Ciência e Religião, na UCAM, convidado por Candido Mendes e por Luiz Alberto e tivemos a alegria de estar com ele e com Jadranka, sua mulher, durante três dias; logo depois, foi o show da Joan, no Teatro Bradesco, (para o qual havíamos comprado entradas com muita antecedência); e fechando o ciclo, assistimos ao programa Roda-Viva, na TV, com Adélia.

Não se trata apenas de uma coincidência de datas. Descobri no sorriso dos três a mesma luz, reflexo da Luz. E não por acaso. Em nosso mundo, frequentemente tão secularizado, os três – cada um a seu modo – expressaram sua fé.

Vito é hoje um dos maiores – senão o maior – teólogo italiano, com um pensamento inovador, rompendo muralhas tradicionais. Em sua exposição, na UCAM, em certo momento, colocou sua posição existencial, indo além do nível racional – próprio do discurso teológico – ao identificar os fundamentos do seu catolicismo no gesto eucarístico: dar a própria vida pelo irmão.

Joan iniciou seu show com uma clara dimensão de fé: *"I believe in God – God is God"*; e terminou, junto a Gil e Milton, cantando "Cálice de vinho tinto de sangue". A música, na sua dupla acepção, foi especialmente tocante, ao "descomemorar" os 50 anos do golpe militar, e, ao mesmo tempo, aludir ao gesto de Jesus.

Finalmente, Adélia trouxe sua poesia, sempre impregnada pela presença de Deus. Revelou-nos que, para ela, três conceitos/ideias/palavras estão permanentemente presentes, em cada momento de sua vida: Deus/sexo/morte.

Mas, além de suas declarações explícitas, os três transmitiram – de formas diversas – pelo olhar, pelo sorriso, pela maneira de se situar na vida, a profundidade de uma vida interior autenticamente vivida.

São um sinal vivo – sacramento – do Amor.

E por isso nos tocaram tanto...

Rio de Janeiro, 2014

Celebrando as diferenças

[...] E o sonho se fez realidade: lá fomos nós, com a família brasileira completa – filhos, noras e netos – passar 15 dias na estância que foi dos meus sogros. Mais uma temporada no Sul, no meio dos pampas.

Na realidade, nunca tínhamos viajado os 12 juntos: sempre faltava um ou outro. Além disso, os meninos eram pequenos e o ritmo era outro. Dessa vez, com netos jovens ou adolescentes, nós dois claramente assumindo o papel de avós e os pais e tia entre os dois extremos, a dinâmica que se criou era bem outra.

Há um processo de transição que vai acontecendo: novas potencialidades se revelam, por um lado e, por outro, limitações se acentuam; isso leva a uma mudança – ou até mesmo a uma inversão – de papéis. O dia em que Estevão, o neto mais velho, já com sua carteira de motorista, saiu sozinho com o irmão e os primos para ir a Lavras, dirigindo o carro da família, foi uma festa!

Da minha parte, achei bom poder delegar, transferir obrigações, deixar fluir novas iniciativas. Deixei de ser a única dona de casa, dividindo com a filha e as noras a responsabilidade doméstica. Devo reconhecer que nem sempre as coisas saíram exatamente do "meu" jeito (será que isso alguma vez aconteceu realmente?). Tornou-se inevitável negociar, fazer concessões de parte a parte. O resultado foi que em alguns aspectos houve inovações: cada um tomava seu café da manhã à hora que queria; e às vezes organizávamos o jantar no jardim, contemplando a incrível sincronia de cores do pôr do sol no pampa. Mas outros hábitos e tradições se mantiveram, como a hora do chimarrão, compartindo o mate e os "causos"; ou as refeições em torno da "távola redonda", com a parte interior que tinha que rodar sempre no mesmo sentido – admoestando-se logo qualquer desobediência...

Evidentemente, uma estrutura de poder mínima era indispensável para garantir a organização da vida. O grupo era muito heterogêneo, em termos de idade, gênero, posição na família, situação social e econômica, bagagem cultural... A convivência cotidiana foi revelando afinidades e divergências. Nesse contexto, a participação de todos tentou ser o mais democrática possível, em um clima de harmonia e de diálogo, respeitando a liberdade de cada um, mas aceitando que o exercício do poder não podia ser totalmente igualitário... E, nesse processo, cada um foi descobrindo seu caminho.

Eu me senti superbem nessa dinâmica familiar. E adorei descobrir um cuidado especial de todos – cada um à sua maneira – com a minha *"old age"*. Até mesmo os pequenos volta e meia me perguntavam: "precisa ajuda, Vó Lucia?".

Aí o fundamental é estar atenta para distinguir quando esta é realmente necessária, para não cair em uma posição de comodismo e dependência. Mas quando as limitações se impõem inexoravelmente, há que ter a humildade de reconhecê-las e não só aceitar – como também curtir e agradecer – o apoio que se oferece.

Nessa hora, lembro de Fernando Henrique Cardoso – um autor que, definitivamente, não está entre os meus prediletos – mas com o qual só posso concordar, quando afirma:

> *"[...]* é uma delícia ter 80 anos: todo mundo cuida da gente *[...]".*

Rio de Janeiro, 2015

Assumindo contradições:
o réveillon de 2015

Festejávamos o réveillon, no deck da piscina da nossa casa de praia: tochas acesas, o hibisco vermelho alegrando a mesa e as taças de champanhe acompanhadas de uma mousse de maracujá feita no último momento (já que, na precariedade do barzinho ao lado, o indispensável creme de leite só foi descoberto por milagre...).

Juntos, nós dois, filhos e netos, de mãos dadas, expressávamos votos e desejos, louvando e agradecendo, em uma singela celebração. E nos encantávamos com os fogos espocando de um lado e de outro, num diálogo de cores entre Ibicuí e Praia Brava.

Foi então que, nada mais que de repente, brotou uma labareda no terreno em frente; uma faísca, caída no meio do capinzal seco, deu origem a um incêndio, que se espraiou morro acima com incrível velocidade. Entre fogo e fogos, iluminando céus e terra e refletindo-se no mar, a beleza se metamorfoseou em perspectivas de tragédia.

Felizmente, estas se desvaneceram rapidamente: o fogo durou pouco, vizinhos solidários quebrando canos de água para debelá-lo. Mas foi um momento densamente simbólico: prenúncio de contradições marcando o ano que apenas se inaugura?

Não por acaso, entre os votos de paz, alegria, prosperidade material e espiritual, incluí mais um: lucidez. Porque, em meio a uma realidade complexa e frequentemente obscura, entre luzes e sombras, em todos os níveis, do pessoal ao internacional, distinguir é preciso.

No seu pequeno cotidiano, o dia foi sintomático: a beleza do verão trouxe junto um calor tórrido, um torpor inevitável e, para culminar, falta de água. Nesse contexto, a criatividade transformou a piscina em caixa d'água e a solidariedade se fez concreta no oferecimento da indispensável água potável...

Também em níveis mais amplos, as contradições permanecem; no avesso das festas, poderíamos lembrar o ódio que vem se manifestando desde as eleições brasileiras, as migrações na Europa, os atentados terroristas que se multiplicam... Por outro lado, não podemos esquecer as reações da mídia alternativa, os pequenos grupos que tentam organizar-se, vivenciando a solidariedade e, ao nível mundial, ultrapassando as fronteiras eclesiais, a imensa esperança que significa Francisco.

Sentindo na carne a dialética de quem mistura dor e alegria, preocupação e prazer, percebi a urgência da lucidez, distinguindo o que há que celebrar e curtir e incentivar, mas também o que há para "descelebrar": o inevitável a suportar, mas sobretudo o que há que claramente recusar. E lutar contra.

Nesse contexto, para celebrar a passagem do ano, achei que convinha uma blusa branca, mas coloquei também minha saia turca, com um fundo preto, assumindo a realidade do contraditório...

Rio de Janeiro, 2015

O sentido da vida
nos "tempos de cólera"

"O sentido da vida é não ter sentido nenhum". Será válida essa afirmação, plagiando Alberto Caieiro, no melhor estilo pós-moderno? Ou deveríamos reivindicar, pelo contrário, que a vida tem um sentido em si mesma, já definido a priori?

Religiões e correntes filosóficas propõem respostas diferenciadas a este dilema: não existe consenso.

Aqui, sem nenhuma pretensão de trazer soluções definitivas, tento simplesmente compreender como essa questão se coloca, em nossas vidas concretas, sobretudo ao enfrentar obstáculos e dificuldades.

Na realidade, a busca pelo sentido é um esforço permanente, algo a ser descoberto passo a passo, no entremeado da vida, entre as luzes e sombras constitutivas da condição humana. E talvez esse sentido se encontre justamente ao ir desvelando os pontos de luz, despojando-os das sombras que o envolvem, e fazendo com que, acumulando-se, possam ir clareando o caminho. Não se trata de algo imutável e definitivo, mas de um processo que vai se configurando e reconfigurando ao longo da vida.

Nessa perspectiva, o sentido pode emergir, em alguns momentos, claramente delineado; em outros, entretanto, torna-se obscuro, quando não impossível de ser compreendido.

É o que acontece "nos tempos de cólera", quando as perdas, as doenças e as limitações de todo tipo se acentuam e, no limite, a finitude se coloca como inexorável. São as "passividades", das quais nos fala Teilhard de Chardin, processos de desorganização, que *"se instalam duramente no coração da existência e que enfraquecem ou mesmo matam a energia de viver"*. Expressam a existência do mal, que escapa à explicação racional, constituindo um dos mistérios mais perturbadores do universo.

Reconhecer a existência inescapável das passividades, não significa, entretanto, submeter-se totalmente a elas, numa atitude de resignação conformista; legitimando a priori o sofrimento, tal atitude o valoriza, chegando a considerá-lo como o caminho mais direto para o aprimoramento pessoal ou até mesmo justificando sua busca voluntária.

Diferente desse olhar, a visão de Teilhard é corajosa: não teme admitir que, enquanto houver alguma possibilidade de reação, o sentido da vida se afirma, nestes momentos, como luta contra o mal, em todas as suas expressões, identificando-o como tal e afirmando o valor da vida.

Mais que isso, como cristão, considera que assim fazê-lo expressa a própria vontade de Deus. *"Na medida em que se aparta o sofrimento com toda a energia do coração, tanto mais aderimos, então, ao coração e à ação de Deus".*

Entretanto o autor não nega a realidade: reconhece que tanto as "mortes parciais" como a morte final fazem essencialmente parte de nossa vida. E diante da impossibilidade de eliminá-las, quando se afirmam na sua inexorabilidade, descobre – com aqueles que têm fé – a alternativa de transfigurá-las, integrando-as em um plano superior.

Só então é possível descobrir uma dimensão de purificação na aceitação consciente das passividades: o sentido da vida se reconfigura, ao assumir corajosamente o desafio e ao valorizar cada momento que nos é dado viver. E só assim podemos descobrir, nos "tempos de cólera", uma oportunidade de renovação e de fortalecimento pessoal.

Rio de Janeiro, 2015

Trilhando a (pen)última etapa

Vamos trilhando a penúltima – ou última? – etapa da vida, sem saber se é uma ou se é outra, já que isso só se definirá a posteriori. Na realidade, tampouco seu início é cronologicamente definido: depende de uma série de fatores que dão um colorido próprio à travessia original e insubstituível de cada um(a). As próprias alterações que traz consigo – transformando ritmos e prioridades – podem ir surgindo de forma gradual, quase imperceptível, ou pelo contrário, acontecer repentinamente e, aí sim, mudar radicalmente a vida.

De uma maneira ou de outra, esta (pen)última etapa é marcada pela dialética permanente entre saúde e doença, vida e morte.

Enquanto a saúde pode se definir como a busca de um equilíbrio sempre instável e dinâmico, a doença é justamente o sintoma dos desequilíbrios, maiores ou menores, permanentes ou passageiros. E assume, nessa etapa da vida, uma presença inegável: mesmo que se resuma apenas a pequenas "mazelinhas", traz consigo o agravante de serem, frequentemente, cumulativas.

Em consequência disso, o cuidado com a saúde – junto aos consequentes exames/médicos/terapias – vai marcando nosso cotidiano, exigindo inevitavelmente uma dose razoável de paciência. Mas representa também exercitar a resiliência, já que, longe de ser um processo linear, essa etapa implica também a permanente – e fantástica – possibilidade da recuperação. Como compreender esta realidade? Como vivê-la?

O sonho dourado de uma velhice tranquila, com tudo "arrumadinho", filhos e netos à volta, ainda retorna às vezes – mesmo inconscientemente – como um modelo "normal", ou como um tipo ideal ao qual deveríamos tender ou, pior ainda, como algo a que teríamos direito. Isso, sem dúvida, é uma tentação perigosa: é preciso estar atento a ela e saber desmontá-la, para enfrentar a realidade aqui e agora.

Porque é importante identificar não só suas (crescentes) limitações como também as oportunidades que traz consigo. As possibilidades de nos comunicar, de criar, de manter laços podem adquirir formas novas, abrindo espaços de realização.

Junto a isso, há que aprender a exercitar o desapego das coisas acidentais, para conseguir distinguir realmente o essencial, que é *"invisível para os olhos"*, como já nos ensinava St. Exupéry, há tanto tempo. E preparar o salto definitivo...

Mas não há que antecipar os momentos. Até lá, há que ir cumprindo a vida; *"como o velho boiadeiro que toca a boiada, eu vou tocando os dias pela longa estrada: estrada eu sou"*.

E nos alegrando com as coisas boas e lindas que ainda restam, no meio do caos...

Rio de Janeiro, 2015

Marcelo, uma brisa leve

Pensar em Marcelo é sentir a brisa leve, como a que tocou o profeta Elias. Porque assim como o vento sopra onde quer, Marcelo vive existencialmente a liberdade. De expressar suas ideias, de fazer novas experiências, de criar situações inéditas.

Sabe bem que isso não se faz impunemente: entretanto, em face das reações – nem sempre favoráveis – que suas palavras e atitudes, às vezes, suscitam, não se deixa abater. Porque, em um nível mais profundo, guarda com cuidado a recomendação que, em seu último encontro, D. Hélder lhe fez; este, já idoso e doente, no final da vida, parecia dormir: mas de repente abriu os olhos e disse: "não deixe cair a profecia". Depois, novamente adormeceu. E Marcelo, até hoje, se mantém fiel ao que lhe foi pedido.

Profeta, segue em frente, desbravando veredas inéditas, anunciando caminhos novos. Não importam os obstáculos, que podem interromper – temporariamente ou não – a realização dos projetos. O fundamental é que experiências vão se realizando, ideias vão sendo fecundadas e novas alvoradas – embora muitas vezes mais tarde do que desejaríamos – anunciam-se. Porque, como prenunciou o poeta, *"certamente, esqueceram uma semente, em algum canto do jardim"*. E as sementes amadurecem – lentamente – e no tempo certo, florescem e dão frutos.

Marcelo não impõe nem exige. Sugere, com a leveza que lhe é própria. Indica pistas. Não evita os questionamentos, pelo contrário, tem a coragem de levantá-los ou de ouvi-los – venham de onde vierem – e de tentar clarificar as questões. Trabalhar com ele é um prazer: tem uma incrível capacidade de ouvir as críticas, aceita sugestões, pondera e, se for o caso, modifica sua posição. Ao mesmo tempo, é de uma eficiência e de uma rapidez para escrever e produzir, que estimula qualquer um.

Não teme abordar temas polêmicos. Foi dos primeiros, junto a alguns de nós, a levantar a questão da sexualidade, no Grupo de Emaús. E continua escrevendo textos corajosos e inovadores, sobre aspectos conexos: gênero, afetividade, relações homossexuais, reprodução humana.

Ao mesmo tempo, transmite convicções sólidas, que partem de uma experiência vivida. Seu pensamento é coerente com sua atuação. E por isso é tão convincente.

Mas talvez o traço mais forte, em Marcelo, seja sua total abertura ao outro e à outra, aos outros, ao mundo, marcada sempre pela ternura e pelo carinho. A dimensão do cuidado – do qual tanto nos fala Leonardo – é, para Marcelo, uma característica pessoal: sua capacidade de ouvir o outro, de estar atento a suas necessidades e exigências – frequentemente antes mesmo de serem explicitadas – e de fazer o possível e o impossível para resolvê-las, expressa bem seu jeito de ser.

E revela, a partir dos gestos concretos, uma fé profunda, que descobre, em tudo o que é criado, a presença do Transcendente. Por isso mesmo toca nas cordas mais profundas de cada um(a) e traz um sinal sensível – sacramento – dessa presença, representando, por meio de sua experiência existencial, um testemunho concreto e profundo do Amor.

Rio de Janeiro, 2014

Vida religiosa em um mundo globalizado

Viajando para o Nordeste – na balbúrdia típica de um aeroporto em plena tarde, pessoas e malas se entrecruzando – me deparo de repente com um personagem que lembrava meus tempos de infância, na cidadezinha do interior de Minas e que hoje se encontra raramente: uma freira vestida como tal, de hábito e véu... Confesso que, na hora, levei um certo susto: não era apenas o anacronismo do visual, mas um questionamento mais profundo sobre a própria vida religiosa, no mundo globalizado de hoje.

Há que reconhecer que as formas de viver essa experiência mudaram muito, nas últimas décadas; mas é verdade também que tal transformação está longe de constituir um processo linear: mudanças significativas convivem com aspectos mais conservadores ou mesmo com retrocessos. Junto a isto, mudou também minha própria maneira de enfocar a vida religiosa: o olhar de hoje é talvez menos ingênuo e certamente mais exigente... E nessa perspectiva, entre mudanças objetivas e subjetivas, é impossível tentar compreender a vida religiosa por meio de um modelo único; é justamente sua diversidade que nos permite montar, a partir de peças dos mais diversos tamanhos e cores, a riqueza do mosaico.

As imagens dos "religiosos" – homens e mulheres – que povoaram minha infância e adolescência estavam envoltas no clima de respeito e admiração, característico de uma época pré-conciliar; eram vistos como aqueles que "haviam escolhido a melhor parte", quando se acreditava que a virgindade era um "estado superior de santidade". Estabelecia-se uma certa distância, tanto física quanto cultural. No caso das freiras de clausura, esta era claramente marcada por grades e cortinas, que delimitavam suas fronteiras. Mas mesmo no caso das professoras do meu colégio, com quem convivia diariamente, a distância era marcada por sua própria posição na estrutura eclesial, já indicada pelo uso do hábito: dissimulando as formas do corpo, este era completado por um véu montado sobre uma estranha armação, conferindo um ar medieval... Junto a isso, a rigidez e disciplina típicas de freiras alemãs definiam fronteiras impossíveis de ultrapassar.

Mais tarde, entretanto, outras imagens surgiram. Não esqueço minha surpresa e, aí sim, uma autêntica admiração, quando, já universitária, no Rio, descobri uma antiga companheira da JEC, que vinha de uma família quatrocentona paulista e que havia deixado tudo para se tornar irmãzinha de Foucauld: vivia em plena favela carioca, no alto do morro de S. Carlos, identificando-se com o povo e adotando suas condições de vida. Essa total abertura ao outro, numa "opção pelos pobres", vivida existencialmente – antes mesmo da expressão ser assumida pela Teologia da Libertação – me impressionou. E continua me impressionando até hoje, quando encontro homens e mulheres que, de maneiras as mais diversas, buscam novas formas de realizar a vocação religiosa. Penso no padre italiano que entrevistei, em minha pesquisa sobre o clero: jovem e inteligente – além de belíssimo, como homem! – abandonou possibilidades de sucesso no Primeiro Mundo para assumir uma vida simples, no contexto popular, enfrentando a pobreza e a violência da Baixada Fluminense. Lembro ainda minha amiga Marília: com uma lucidez e uma competência excepcional, no campo intelectual, optou por viver no Irã, como religiosa, abrindo o diálogo com os muçulmanos e traduzindo o Evangelho para o persa.

Essas figuras apontam para uma característica fundamental, que gostaria de ver estampada em uma imagem de vida religiosa no século XXI: a capacidade de se abrir ao outro e de se entregar totalmente à causa dos mais pobres. Capacidade que significa eliminar distâncias e doar-se ao outro, sem, entretanto, perder a própria identidade. Porque a base de um encontro autêntico com o outro é o encontro consigo mesmo, que supõe justamente um autoconhecimento e uma autoaceitação, implicando a pessoa como um todo, corpo/alma integrados.

A realidade atual, marcada pela diversidade e pela fragmentação e por uma pluralidade de valores – ou pela ausência deles – é frequentemente permeada por uma situação de anomia, na qual impera um certo relativismo e uma impressão de "vale-tudo".

Nesse contexto, a vida religiosa, autenticamente vivida, pode ter um lugar insubstituível, ao apontar uma forma de estar no mundo, que, por suas próprias características, é um sinal de Esperança. Firmemente ancorada na realidade, aponta, entretanto, para uma dimensão que a transcende, permanentemente em busca do Encontro maior. É aí que se descobre o próprio cerne da vida religiosa, que pode assumir formas as mais diversas, mas que busca sempre a dimensão essencial e mais profunda da Vida.

Rio de Janeiro, 2015

O voo duplo

Na tarde azul de primavera, a silhueta do avião – rasgando o céu, entre fiapos de nuvens claras – dava a impressão de um pássaro, brincando ao sabor do vento.

Fascinada, tratei de observar melhor e, de repente, descobri que não se tratava apenas de um, mas de dois aviões: seguiam juntos na mesma direção, descrevendo exatamente a mesma curva, numa harmonia perfeita.

A imagem era lindíssima e, na hora, fez-me pensar na experiência dos casais que conseguem permanecer juntos, ao longo dos anos e cuja experiência, no outono da vida, pode se aprofundar, marcada por um amor companheiro que se afirma na sincronia de cada momento. Uma vez que, nessa etapa, o ritmo cotidiano passa a ser, frequentemente, mais tranquilo e mais protegido da dispersão dos tempos do trabalho profissional, a harmonia encontra espaços para florescer; a solidariedade passa a ser uma prática concreta, a partir das pequenas ou grandes tarefas do dia a dia e o diálogo vai se tecendo, permanente, sobre os pequenos e os grandes temas da vida.

Ia me entusiasmando com a beleza da imagem – e com o tema que suscitava – quando percebi que, de fato, o que estava contemplando, embevecida, não correspondia à realidade: trata-va-se de um avião único. O que aconteceu foi simplesmente uma ilusão de ótica: desde que, há alguns anos, tive uma diplopia, em consequência de um traumatismo craniano, tenho a tendência a ver em duplo o que é apenas um…

Mas talvez tenha sido justamente ao tomar consciência da ilusão de ótica que consegui ir mais fundo, no aprofundamento da temática, para compreender melhor, na realidade, o que é – e o que não é – a vida a dois.

A visão idealizada de uma harmonia perfeita – como a do voo duplo – é uma criação artificial, que não pode ser tomada como modelo nem mesmo como metáfora da vida a dois. Porque ao acentuar a dimensão da unidade, o voo duplo expressa uma ideia de harmonia total, que só poderia dar-se às custas da supressão da liberdade de um ou de outro/a de seus atores.

Já a experiência da vida a dois é sempre muito mais complexa, incluindo contradições e conflitos, inerentes à própria condição humana. A partilha da existência, por mais total e perfeita que seja, não anula nunca a individualidade de cada parceiro(a). E está longe de ser uma mera adequação ou um simples espelhar-se de um no outro, numa simbiose total que, no limite, significaria a anulação da vontade de um submetendo-se à vontade do outro(a), transformando a relação em um processo de dominação/submissão.

A verdadeira partilha se dá no encontro que só é total na medida em que é também desencontro, ao respeitar e, mais que isso, se enriquecer com a diferença do outro. E só poderia ser pensada como um "voo duplo", se incluísse a suficiente flexibilidade para admitir rotas diversificadas, ensaios por caminhos inesperados, idas e voltas, avanços e recuos, sabendo que isto pode – ou não – implicar na ruptura da opção comum. Manter o elo, obviamente, vai exigir concessões de parte a parte, limitações maiores ou menores. Não é um processo fácil. Nem tem garantia ou prazo de validade previamente definido. Mais que tudo, é uma aposta, sujeita a riscos. E por isso mesmo necessita ser permanentemente cuidada, alimentada, renovada. É uma conquista permanente...

Volto a contemplar o avião – ou os aviões? – que, já quase se perdendo no horizonte, ainda desenham a sincronia do voo duplo. Pode não ser um modelo ou nem mesmo uma metáfora da vida a dois, mas sua beleza poderia servir como uma meta utópica a nortear o voo de cada parceiro(a) que, tendo sempre como referência o voo do outro(a), pode conseguir, ao mesmo tempo, desenhar a liberdade ao sabor dos ventos...

Rio de Janeiro, 2015

A orla perigosa

Madalena, do alto de seus 79 anos, embora mantivesse toda uma força interior, não podia deixar de reconhecer, ao mesmo tempo, as fragilidades que se multiplicavam. Já enfrentara diversas doenças e agora, depois da perda do irmão, vinha lutando com uma depressão que teimava em se instalar. Consciente do seu estado, sabia que se aproximava perigosamente da orla da doença; não conseguia, entretanto, evitá-la.

E foi então que o fato efetivamente aconteceu: em pleno verão carioca – com aquele insuportável calor de 42 graus – não resistiu à tentação de colocar uma blusinha leve e decotada, seguramente insuficiente para enfrentar horas de reunião em um ambiente super refrigerado. O resultado não se fez esperar: no dia seguinte, uma tosse fortíssima e uma febre alta prenunciavam pneumonia. Médicos, consultas, antibióticos, todo o ritual que normalmente acompanha este diagnóstico, foi seguido escrupulosamente. Mas nem assim Madalena conseguiu escapar de alguns dias de hospital.

Aproveitou, porém, os momentos de inatividade e solidão para refletir sobre a própria experiência. E descobriu que a orla que separa a saúde da doença, embora possa ser atravessada rapidamente, é suficientemente extensa para incluir todos os tons de cinza que separam os dois polos. Não há fronteira fixa nem previamente determinada.

Descobriu também que a doença, caracterizada por sintomas como mal-estar, dor, dificuldade de se locomover e de controlar o próprio corpo, configura-se como um mal ou até mesmo um estigma, lembrando Susan Sontag. E em uma sociedade que impõe parâmetros excludentes, estabelecendo como modelo a pessoa que possui um corpo jovem, esbelto, belo, e *"last but not least"* saudável, a enfermidade passa a ser um fator de discriminação.

Entretanto sem descartar a carga negativa – que certamente acompanha a doença – não seria possível pensá-la como uma das múltiplas formas de estar no mundo? Em uma realidade social na qual, mais que nunca, há que lidar com a diversidade, não seria importante reconhecer que tanto a pessoa doente como a sã – sem contar as infinitas modalidades que se colocam *in between* – realizam, na sua experiência vivida, maneiras diferentes de concretizar a condição humana? Tal diversidade, concluiu Madalena, não deveria justificar desigualdades e menos ainda discriminações, pelo contrário, teria que levar à afirmação da igualdade de direitos.

E entre tantos questionamentos, passou a preocupar-se com a duração de sua enfermidade: será que se prolongaria até o final da vida, marcando indelevelmente suas condições como patológicas? Ou, pelo contrário, tratar-se-ia de um episódio com princípio, meio e fim?

Ao visualizar claramente esta distinção entre "estar doente" e "ser doente", passou a intensificar os cuidados com a própria saúde. E teve sorte: sua recuperação – embora mais demorada, como soe acontecer com pessoas mais velhas – foi efetiva. A dimensão da vida se impôs. E ela se afastou da orla perigosa da doença, cantarolando, com Gonzaguinha:

> *Eu sei que a vida podia ser bem*
> *melhor, e será,*
>
> *Mas isso não impede que eu repita:*
> É bonita, é bonita, e é bonita!

Rio de Janeiro, 2016

Passeio a cavalo

Saio de manhã para o pilates habitual, e, de repente, em pleno inverno carioca, um tom especial de azul me inunda as retinas. Na hora, vem a lembrança de Minas, há tantas décadas… E já me sinto na fazenda: *"Céu como este, só na Itália, na Pérsia e na China"*, comentava o velho italiano, contemplando a paisagem; minha irmã, as primas e eu apenas o escutávamos, preocupadas em ajeitar logo os arreios, escolher a montaria, definir os roteiros, planejando o passeio a cavalo:

– *"Vamos pelo caminho do açude"?*
– *"Não, melhor pegar a mata, até o Coqueiro".*
– *"Nada disso, vamos até o Tomba-tomba, porque lá a subida não é tão forte".*

Este acaba sendo o argumento definitivo, porque o que a gente gosta mesmo é sair dos caminhos tradicionais e inventar um percurso inesperado, ziguezagueando pelo meio do pasto.

"Eu vou no "Predileto", determino, enfiando o pé no estribo e já saindo no trote inglês. Vento no rosto, cabelo esvoaçante, acompanho o ritmo do animal – sobe/desce, sobe/desce – e me integro totalmente, fundidos os dois, no mesmo movimento.

A estrada agora começa a subir; e a liberdade de ir criando os caminhos, morro acima, nos faz entrar pelo meio do capim-gordura, que, ondulando ao vento, coloca tons de rosa na paisagem verde/azul.

A subida se faz mais íngreme e temos que diminuir o ritmo. Os cavalos vão a passo. A gente curte o silencio. No alto, a vista é esplêndida: os morros se amontoam, a perder de vista. Ao longe, a serra da Mantiqueira, solene, se impõe.

No alto, desmontamos, esticamos as pernas. Um sanduíche, cuidadosamente embrulhado, espera-nos, amarrado no arreio. É o momento de se espreguiçar no pasto, de comentar, sem pressa, os pequenos acontecimentos cotidianos; alguém conta uma piada. O tempo se desenrola devagar...

Mas daqui a pouco, já é hora de voltar, que o programa ainda inclui um banho de tanque, antes do almoço. Já na chegada da fazenda, há um trecho mais plano: lugar ideal para apostar uma corrida. Os cavalos, fogosos, saem a galope.

O sol quente, a pino, a corrida final, a excitação do passeio nos deixa afogueadas; vontade de chegar logo, tirar as botas e a roupa de montaria e deixar-se inundar, inteira, pela água gelada da ducha, sentindo na pele, o contraste.

O azul se faz mais intenso, a esta hora do dia.

E aqui, o brilho do sol carioca me faz retornar à realidade. Mas continuo ainda ouvindo o velho italiano: *"Céu como este, só na Itália, na Pérsia e na China...".*

Rio de Janeiro, 2016

Dilma

Tempo nublado e cinzento. Tristonho, como convém aos dias depois do impeachment/golpe. Porque o que acabamos de viver, nas últimas horas, tocou-nos profundamente. E talvez não tenhamos ainda a necessária lucidez para compreender o alcance de tudo o que se passou, no entrecruzamento de diversos níveis.

Tocou-me especialmente a dimensão pessoal; Dilma apresentou-se, nesses momentos tão difíceis, como uma mulher fundamentalmente correta, competente e incrivelmente corajosa. Não por acaso, em seu discurso de posse como primeira presidenta mulher, tinha citado Guimarães Rosa: *"o que a vida quer de nós é coragem"*. E esta não lhe falta. Como não lhe faltou nos tempos terríveis da repressão, quando foi presa e torturada.

Agora, enfrenta um novo tipo de repressão, talvez mais profunda porque mais sutil, envolta em um jogo com aparências de legalidade. Mais uma vez impressiona sua coragem e sua inteireza moral. Em um mundo marcado pela corrupção e por falsidades de diversas ordens, Dilma traz um discurso direto e franco. E talvez tenha sido esta grandeza humana que, no final do julgamento – quando o PT solicitou que não fossem cassados seus direitos políticos – impressionou seus juízes. Surpreendentemente, 16 senadores e senadoras, que anteriormente tinham votado a favor do impeachment, foram contra a cassação (sem falar nas três abstenções).

Na hora, tomada pelo inesperado, valorizei a dimensão humana do gesto: na tentativa de amenizar a pena, estava implícito o reconhecimento de sua inadequação. Entretanto o enorme debate que brotou nas horas subsequentes veio mostrar que a questão era muito mais complexa, implicando desde a tentativa de aplacar más consciências até interesses escusos em abrir precedentes para casos futuros... Não quero entrar nessa discussão.

Prefiro recuperar a figura de Tiradentes – à qual alguém fez alusão, naquele momento – não para comparar graus de crueldade, mas porque nos ensina a paciência histórica de continuar lutando pela liberdade. Para mulheres que, como Dilma e tantas de nós, nascemos em Minas, seu exemplo é paradigmático e nos abre uma perspectiva de esperança, em uma luta longa e difícil. *"Libertas quae sera tamem".* A liberdade virá, ainda que tardia. Mas virá!

Rio de Janeiro, 2016

A garota e a máquina

"Olha que coisa mais linda, mais cheia de graça...". Só que, ao contrário da música, nossa garota não vive em Ipanema e nem costuma ir à praia; mais que isso, teve, já há vários anos, as duas pernas amputadas e substituídas por próteses. Isso não impediu, entretanto, que continuasse dançando, com uma leveza e uma graça totalmente inesperadas; e foi assim que conseguiu desenhar uma das mais belas imagens da inauguração das Paraolimpíadas.

Ao surgir, bailando com os pés em ponta, como se usasse uma sapatilha de balé, custei a perceber que se tratava de uma prótese. A garota fazia piruetas com uma naturalidade e um tal controle dos movimentos, que só em um segundo momento consegui reconhecer o que acontecia na realidade. Mais tarde, trocou a prótese por outra, mais usual e menos estética, mas continuou dançando com a mesma leveza…

Foi então que apareceu o robô. E começaram a executar os dois, um insólito *"pas de deux"*: os movimentos da máquina, um tanto desajeitados, mas absolutamente precisos se articulavam com os gestos leves e graciosos da garota, numa incrível harmonia de desiguais.

Diferentes, mas não conflitantes: a sincronia que se estabeleceu entre os dois, seguindo o mesmo ritmo, ao fluir da música, fazia pensar em uma inesperada cumplicidade entre o ser humano e a máquina. Descobrir e poder viver esta possibilidade, aqui dada concretamente por meio da beleza da dança, foi um momento único.

Porque tal sincronia não é obrigatória e às vezes não acontece. Mais que isso, pode-se mesmo pensar, diante do alucinante ritmo de evolução da tecnologia, que esta nem sempre se sujeite às verdadeiras necessidades humanas ou mesmo, pior que isso, que tente de alguma forma impor sua dominação.

Não posso deixar de lembrar, aqui, as imagens do aprendiz de feiticeiro, que povoaram minha infância: no filme *Fantasia*, de Walt Disney, o aprendiz consegue duplicar uma vassoura, ao parti-la; mas a partir daí, o processo adquire um ritmo incontrolável: as vassouras se multiplicam a partir do menor pedaço, de forma infindável, ameaçando afogar o pobre aprendiz... E se não fosse a intervenção de um mago salvador, no final, ele seria totalmente aniquilado.

O filme do século passado poderia se considerar quase uma premonição. Porque, hoje, os riscos são reais. É possível pensar uma tecnologia "desgovernada". Ou mesmo em mãos de uma minoria que detém o poder, tendo em vista interesses próprios que podem ir contra um desenvolvimento verdadeiramente humano. Nossa atual *"science fiction"* se encarrega de projetar panoramas que constituem um verdadeiro pesadelo...

No sentido inverso, felizmente, a realização recente das Paraolimpíadas, no Rio, abre uma vereda de esperança. Ali, os exemplos concretos em que a tecnologia se colocou a serviço do ser humano abarcaram uma ampla gama de possibilidades, complementando suas deficiências, substituindo suas debilidades, fortalecendo até o último minuto suas potencialidades.

E, nesse quadro, a própria imagem da nossa garota biamputada já era, por si mesma, paradigmática. Porque as órteses se fundiam de tal forma ao seu corpo, que já não se podia divisar onde começavam umas e terminava o outro. Mais que isso, órteses e corpo estavam sujeitos, umas e outro, a uma consciência única, controlando com a maior precisão movimentos e ações. Na unidade da pessoa, máquina e ser humano estavam unidos. E o espetáculo nos permitiu vislumbrar novas possibilidades de uma cooperação não só possível, mas, mais que isso, desejável, para forjar futuros luminosos!

Rio de Janeiro, 2016

"Mais velhos, mais sábios"

Andava às voltas, ainda na década de 90, com a temática da sexualidade na etapa do envelhecer, pensando nas possibilidades de uma pesquisa. Na época, encontrei, em um congresso de demografia do qual participava, um pesquisador mexicano que – por acasos da fortuna – trabalhava justamente essa faixa etária e decidi consultá-lo; qual não foi minha surpresa, quando ele, frustrando minhas expectativas, recomendou-me ser preferível, nesta etapa da vida, estudar, não a sexualidade, mas a espiritualidade! O que mais me impressionou, entretanto, foi o motivo para tal escolha: *"porque es lo único que les va quedando..."*.

Já nem me lembro mais o nome do demógrafo, passados tantos anos, mas nunca esqueci sua recomendação. E hoje, reconheço que sua opção era acertada. Mas não pelas mesmas razões. Porque não se trata – como afirmava ele – da única alternativa que resta aos idosos, mas sim da mais relevante.

Essa etapa da vida, em que se termina todo um itinerário – cuja longitude pode ser maior ou menor, não importa – é a etapa conclusiva. E por isso mesmo reveste-se de uma importância única: é o momento de avaliar o realizado, de reconhecer acertos e erros – colhendo os frutos de uns e reparando os de outros – reconciliando-se com o passado; é o momento também de recuperar a memória de tudo o que foi vivido e de transmitir seu legado para os que virão depois. Em suma, é a hora de fechar o ciclo e preparar-se para o salto final.

E é exatamente nesta hora que as grandes e decisivas questões – objeto de uma busca incessante ao longo da vida – colocam-se de forma mais intensa.

Mais velhos, mais sábios. O livro, escrito por um rabino americano, aprofunda exatamente essa possibilidade de um "envelhecer espiritualizado"; na sua visão, o envelhecer pode se tornar um processo de crescimento espiritual e de descoberta da riqueza interior. Para tanto, aponta diversos caminhos: a prática da meditação, o desenvolvimento da intuição e da criatividade – a partir da descoberta de todo um potencial do cérebro/mente, que o atual progresso da neurociência possibilita – o resgate da própria experiência de vida. Tudo isso torna os idosos mestres na arte de viver, capazes de exercer a função de aconselhamento e de transmissão da sabedoria. Mas sobretudo ajuda a aprofundar a própria busca do encontro com o Transcendente.

Mergulhamos então no campo da espiritualidade, tomada em seu sentido amplo, não vinculada necessariamente a uma determinada opção religiosa. Campo que atinge a todas as pessoas, religiosas ou não. Porque dar conta da própria vida, interrogar-se de onde viemos e para onde vamos, o que fazemos – ou deixamos de fazer – aqui, são questões que colocam em xeque qualquer ser humano. E estão no próprio cerne da vida. Aprofundar a reflexão sobre elas, (re) descobrindo o sentido da vida é certamente uma das alternativas mais relevantes – senão a mais relevante – que se coloca para os idosos.

Mas (re)descobrir o sentido da vida é também descobrir o sentido da morte. Sua realidade se faz presente a cada dia. Não é apenas a conclusão de um percurso, mas é a passagem para outro, que se anuncia. *"Não vivemos para morrer, morremos para ressuscitar"*, lembra-nos Leonardo Boff. Para os que acreditam que há uma vida futura – ainda que obscuramente envolta em mistério – essa perspectiva pode iluminar a etapa atual, transformando-a no grande trampolim para o salto definitivo. Trabalhar o campo da espiritualidade se revela então como a opção fundamental, ajudando a fecundar caminhos e a beber de fontes inesgotáveis de crescimento.

Rio de Janeiro, 2016